Thomas Straubhaar

Radikal gerecht

Thomas Straubhaar

RADIKAL GERECHT

Wie das bedingungslose Grundeinkommen den Sozialstaat revolutioniert

edition Körber-STIFTUNG

Bibliografische Information der Deutschen Nationalbibliothek

Die Deutsche Nationalbibliothek verzeichnet diese Publikation in
der Deutschen Nationalbibliografie; detaillierte bibliografische Daten
sind im Internet unter http://dnb.d-nb.de abrufbar.

© edition Körber-Stiftung, Hamburg 2017

Umschlag: Groothuis, www.groothuis.de
Herstellung: Das Herstellungsbüro, Hamburg|
buch-herstellungsbuero.de
Druck und Bindung: CPI – Clausen & Bosse, Leck
Printed in Germany

ISBN 978-3-89684-194-0

www.edition-koerber-stiftung.de

Inhalt

»Geld für alle« 7

Das Problem: Der veraltete Sozialstaat 33

  1. Herausforderung: Alterung 35

  2. Herausforderung: Digitalisierung 51

  3. Herausforderung: Individualisierung 64

  4. Herausforderung: Arbeitsethos 75

  5. Ein Sozialstaat für das 21. Jahrhundert 84

Die Lösung: Das bedingungslose Grundeinkommen .. 85

  6. Wie das Grundeinkommen funktioniert 97

  7. Warum ein Grundeinkommen notwendig ist 115

  8. Ist das Grundeinkommen finanzierbar? 136

  9. Ist das Grundeinkommen ökonomisch sinnvoll? 153

 10. Ist das Grundeinkommen gerecht? 171

Eine realistische Revolution des Sozialstaates 182

  Anmerkungen 199

  Literaturverzeichnis 226

»Geld für alle«

»Geld für alle«. Vom Staat. Ohne Gegenleistung. Einfach so. An alle. Ob arm oder reich, jung oder alt, ob mit oder ohne Familie, allein lebend oder zusammen mit anderen. Menschen mit oder ohne Beschäftigung, Hilfs-, Fach- oder Führungskräfte: Allen wird gleichermaßen vom Staat Monat für Monat ein exakt identischer Geldbetrag auf das persönliche Konto überwiesen. In der Höhe des Existenzminimums. Sodass es für alle, unabhängig von einer eigenen Erwerbstätigkeit oder eigenem Vermögen, möglich wird, ein menschenwürdiges Dasein zu finanzieren und am öffentlichen Leben teilzunehmen.

»Geld für alle«: was für eine radikale Forderung. Das kann nicht gut gehen! Falsch: Die Vision muss Realität werden – lieber früher als zu spät! Zwar ist ein bedingungsloses Grundeinkommen (BGE) nicht alternativlos. Wenn aber der demografische Wandel, die Digitalisierung und die damit einhergehenden gesellschaftlichen und ökonomischen Verhaltensänderungen alles Bisherige infrage stellen, bedarf es neuer, zeitgemäßer Antworten. Das bedingungslose Grundeinkommen ermöglicht eine gerechte, liberale und effektive Anpassung des Sozialstaates an die großen Herausforderungen des 21. Jahrhunderts. Es ist auf die Lebenswirklichkeit der Zukunft ausgerichtet und hält nicht an einer Vergangenheit fest, die es so schon lange nicht mehr gibt. Somit ist nicht das Grundeinkommen, sondern der Verzicht auf ein Grundeinkommen eine riskante Politik, die scheitern wird.

Sorge und Hoffnung sind die fundamentalen Motive für ein bedingungsloses Grundeinkommen. Sorge um den inneren Zusammenhalt der Gesellschaft; Streit und Misstrauen prägen gegenwärtig das gesellschaftliche Miteinander. Polarisierung verdrängt Maß und Mitte. Das politische Klima wird zunehmend durch Unverständnis für die Meinung anderer, Verachtung und Unversöhnlichkeit, immer stärker auch durch wütende Proteste, Hetze und Hass vergiftet. Dissens statt Konsens zerstört die Basis von Zugehörigkeit und Gemeinschaft. Das große Ganze – Demokratie, Rechtsstaat und freiheitliche Gesellschaftsordnung – gerät in Gefahr.

Das bedingungslose Grundeinkommen bietet Hoffnung, mit einem gemeinsam getragenen neuen Zukunftsmodell das Zusammengehörigkeitsgefühl wieder zu beleben. Alle mitzunehmen, niemanden auszuschließen. Neben ökonomischer Effizienz auch eine soziale Umverteilung anzustreben. Einer verunsicherten Gesellschaft eine Perspektive aufzuzeigen für ein großes gemeinsames Ziel: ein für alle lebenswertes Deutschland.

Ein radikaler Systemwechsel eröffnet die dringend benötigte Chance eines unverbrauchten Neuanfangs. Er ermöglicht es, ausgetretene, misstrauisch beobachtete, über Dekaden gewachsene Interessenverflechtungen, kritische Pfadabhängigkeiten und veraltete Verfahrensweisen infrage zu stellen. Etwas Neues zu tun. Offensiv zu gestalten, nicht defensiv immer wieder alte Löcher stopfen zu müssen.

Das bedingungslose Grundeinkommen weist Deutschland einen zwar radikalen, aber eben auch gangbaren Weg, um die eigendynamische Spirale des gesellschaftlichen Auseinanderlebens zu durchbrechen. Es liefert eine nachhaltig tragfähige Grundlage für einen Gesellschaftsvertrag zwischen den Generationen. Es zeigt, wie die Arbeitsgesellschaft auf die dramatischen Veränderungen durch die Digitalisierung reagieren kann – wohl eher reagieren muss –, wenn nicht überall, aber doch mancherorts mit künstlicher Intelligenz ausgestattete Roboter den Menschen ersetzen werden. So, dass die Herausforderungen der Zukunft bewältigt und zu einer historischen Chance, nicht zu einer Gefahr für Deutschland werden.

Visionen mögen für viele Utopien sein. Sie verursachen neue Kosten und bergen unbekannte Risiken. Das gilt aber ebenso für alle anderen Alternativen. Ohne Visionen geht jedoch der Optimismus verloren, dass sozioökonomische Herausforderungen bewältigt werden können. Deshalb ist eben auch gültig, dass wer heute (k)eine Vision, morgen (k)eine Zukunft hat.

Neue Zeiten erfordern neue Lösungen

»Geld für alle« ist keine neue Idee. Sie galt aber lange als reine Utopie. Jetzt wird sie zur gesellschaftsfähigen Vision, deren Chancen stetig steigen, bald schon realisiert zu werden. Wesentliche Ursache für den Stimmungswandel sind die Digitalisierung und der demografische Wandel. Erstere verkürzt die Arbeitszeit, Letzterer ist Folge einer verlängerten Lebenserwartung. Zusammen bewirken sie, dass die Erwerbszeit einen geringeren, Freizeit und Ruhestand einen größeren Stellenwert im Leben eines Menschen erhalten. Erforderlich wird dadurch die Neuorientierung einer Arbeitsgesellschaft, für die Arbeit alles und ohne Arbeit alles nichts war.

Die Vergangenheit war für die radikale Idee des bedingungslosen Grundeinkommens nicht reif. Aus verständlichen Gründen. Die Arbeitswelt des letzten Jahrhunderts war industriell geprägt. Sowohl Arbeitgeber als auch Arbeitnehmer strebten nach einer stabilen, lebenslangen Vollbeschäftigung als Normalfall. Beide Seiten wollten so lange wie möglich gemeinsam von Bildungsanstrengungen, erworbenen Jobfähigkeiten und Berufserfahrung der Belegschaften profitieren. Alle Beteiligten waren deshalb an langjährigen, wenn möglich lebenslangen Beschäftigungsverhältnissen, tragfähigen Arbeitsnetzwerken und dauerhafter Betriebszugehörigkeit interessiert.

Die Digitalisierung verändert mit Wucht und Tempo Lebensalltag und Arbeitswelt. Und sie erzwingt einen Perspektivenwechsel. Wenn Roboter Menschen ersetzen, muss zwangsläufig Arbeit einen anderen Stellenwert erhalten. Die Arbeit wird dem Menschen zwar nicht ausgehen. Aber die Arbeitszeit wird weiter schrumpfen. Der Mensch wird bei vielen Aktivitäten – besonders im Bereich der standardisierten, sich stetig wiederholenden einfachen Tätigkeiten – in den Hintergrund gedrängt.

Die Digitalisierung wird darüber hinaus den von einem Beschäftigten pro Werktag erzeugten Mehrwert – also die Arbeitsproduktivität – weiter steigern. Das Bruttoinlandsprodukt (BIP) – als Summe der gesamten Wertschöpfung in einer Volkswirtschaft – kann mit weniger Arbeitszeit und viel mehr Maschinenzeit erwirtschaftet werden. Was braucht es da noch den Menschen? Wenn Menschen immer weniger lang arbeiten, wer zahlt dann noch Steuern? Wie wird der Sozialstaat finanziert werden, wenn Roboter und nicht mehr Personen Werte schaffen?

Viele bewerten den »Aufstieg der Roboter«[1] als Bedrohung. Aber eigentlich bietet die Digitalisierung der Arbeitsgesellschaft eine historische Chance, sich neu zu orientieren. Wenn der Mensch durch Maschinen aller Art und durch Automaten mit künstlicher Intelligenz erst ergänzt, später zunehmend auch ersetzt wird, können und sollen alte Verhaltensweisen hinterfragt werden.

Arbeitslosigkeit wird im Zeitalter der Digitalisierung weniger denn je Ergebnis eines mikroökonomischen Scheiterns sein, sondern mehr und mehr zum Zeichen des makroökonomischen Erfolgs. Sie ist nicht die ungewollte Konsequenz einer hoffnungslosen Volkswirtschaft auf dem abschüssigen Weg in die Armut. Im Gegenteil: Sie ist die Errungenschaft einer hoch effizienten Automatisierung, die nicht mehr den Menschen malochen lässt, sondern ihm mehr und mehr erlaubt, einen immer größer werdenden Anteil seiner Lebenszeit nach eigenen Vorstellungen zu gestalten. Eine an sich paradiesische Entwicklung!

Dank der Digitalisierung wird es in Zukunft weder volks- noch betriebswirtschaftlich erforderlich sein, alle Menschen ein immer länger werdendes Leben lang zur Arbeit zu zwingen. Weder bedarf es makroökonomisch so vieler Personen, die ein Leben lang vollbeschäftigt nichts anderes tun, als zu arbeiten. In immer mehr Bereichen werden Automaten und Roboter das meiste nicht nur genauso gut wie Menschen, sondern besser, billiger und fehlerfrei erledigen können. Noch scheint es für manche Tätigkeit ökonomisch sinnvoll zu sein, Menschen aus Existenznot zu gewissen Arbeiten zu verpflichten, die gesundheitsgefährdend, gefährlich, schmutzig oder schlecht bezahlt sind. Dafür wird es jedoch – neuen Technologien sei Dank – in Zukunft immer mehr und bessere »unbemannte Lösungen« geben, die in jeder Beziehung effektiver als Menschen sind. Das ist erfreulich, nicht bedrohlich.

Die Digitalisierung eröffnet neue Horizonte, um mit modernen Konzepten kluge sozialpolitische Antworten auf künftige Herausforderungen durch Roboter, künstliche Intelligenz und das Internet der Dinge zu finden. Dabei zeigt sich an immer mehr Stellen, dass die Zeit für ein bedingungsloses Grundeinkommen gekommen ist. Demografischer und struktureller Wandel sowie die damit einhergehenden politischen, gesellschaftlichen und ökonomischen Veränderungen erfordern einen Sozialstaat, der den Realitäten des 21. Jahrhunderts Rechnung trägt. Diesen Erwartungen folgt und genügt ein Grundeinkommen.

Die Grundidee des bedingungslosen Grundeinkommens

»Geld für alle« vom Staat ohne Gegenleistung und in Höhe des Existenzminimums bedeutet einen fundamentalen Perspektivenwechsel: weg von einem Sozialstaat, der im Nachhinein durch aktivierende Maßnahmen korrigieren will, was vorher falsch gelaufen ist. Weg von einer Finanzierung über Abgaben aus dem Arbeitseinkommen. Weg von Arbeitswelten, Familienbildern und Lebensläufen, die schon heute nicht mehr der Wirklichkeit und erst recht nicht dem Alltag der Zukunft entsprechen. Hin zu einer garantierten Teilhabe und einer Ermächtigung aller – im Voraus. Hin zu einer Finanzierung, die auch die Wertschöpfung von Robotern einbezieht. Hin zu Lebens- und Verhaltensweisen, die der Realität des 21. Jahrhunderts entsprechen.

Ja, das bedingungslose Grundeinkommen entspricht

einem radikalen Neuanfang. Aber nein, es ist kein unkalkulierbarer Sprung ohne Auffangnetz. Denn letztlich ist das Grundeinkommen im Kern nichts anderes als eine fundamentale Steuerreform. Es bündelt alle sozialpolitischen Maßnahmen in einem einzigen Instrument, dem bedingungslos ausbezahlten Grundeinkommen. Die konkrete Ausarbeitung – also die politisch zu bestimmende Höhe des Existenzminimums, die der Höhe des Grundeinkommens entspricht – bietet genügend Freiraum für spezifische Anpassungen an heute noch unbekannte neue Herausforderungen der Zukunft.

Das bedingungslose Grundeinkommen folgt einer einfachen Logik. Es verzichtet auf ein mehrspuriges Gewirr von über Steuern und Abgaben aus dem Arbeitseinkommen finanzierten Sozialversicherungen und sozialpolitischen Maßnahmen. Stattdessen verrechnet es als Universalzahlung alle personenbezogenen Sozialtransfers und folgt dem Konzept einer negativen Einkommensteuer.[2] Das heißt, alle erhalten vom Staat zunächst einmal Geld, was aus staatlicher Sicht einem Abfluss und damit dem Gegenteil eines Steuerzuflusses entspricht.

Aber alle, die Einkommen erwirtschaften – und eben auch die Eigentümer der Roboter –, zahlen gleichermaßen auf alle Einkommen Steuern – und zwar an der Quelle, vom ersten Euro an. Somit zeigt sich, dass auch weiterhin am Ende (also im Saldo, der die Steuerzahlungen mit dem Grundeinkommen verrechnet) der größte Teil der Bevölkerung aus der Sicht des Staates positive Steuern bezahlt.

Wichtig dabei ist, dass der Staat Kapitalerträge genau so wie das Arbeitseinkommen besteuert. Das gilt auch für die mithilfe von Robotern erwirtschafteten Gewinne. Sobald sie an die Eigentümer der Roboter (also die Aktionäre oder Gesellschafter) ausgeschüttet werden, gelangt an der Quelle der gleiche Steuersatz wie für den Lohn der Arbeit zur Anwendung.

Das Grundeinkommen sichert für alle, vom Säugling bis zum Greis, für Frau und Mann, von der Wiege bis zur Bahre, das Existenzminimum durch eine staatliche Geldzahlung. Nicht mehr, nicht weniger. Wem die Lebensqualität auf Höhe des Existenzminimums nicht genügt, muss selbstverantwortlich durch eigene Anstrengung eigenes Einkommen erwirtschaften. Und dabei gilt auch weiterhin: Wer Einkommen erzielt, bezahlt Steuern. Und ebenso gilt: Wer mehr verdient, zahlt mehr Steuern als derjenige, der weniger verdient.

Das Grundeinkommen ersetzt alle heute bestehenden sozialpolitischen Transfers, also Rentenzahlungen, Arbeitslosengeld oder Sozialhilfe u. a. Andererseits muss auch niemand mehr Sozialabgaben leisten, denn die entfallen komplett. Es gibt neben dem über Steuern finanzierten Grundeinkommen keine durch Lohnabgaben gespeiste sozialstaatliche Parallelstruktur mehr. Damit wird der Anachronismus beseitigt, dass heutzutage nur für einen Teil der Bevölkerung bis zu einer gedeckelten Beitragsbemessungsgrenze eine Sozialversicherungspflicht gilt – nämlich für die unselbstständig Beschäftigten –, für alle anderen aber nicht.[3] Genauso wenig wird heute die Wertschöpfung der Roboter in die Solidarpflicht der Sozialversicherungen genommen.

Dass allen, dem Besser- wie dem Geringverdienenden, ein gleich hohes Grundeinkommen ausbezahlt wird, ist weder ungerecht noch unnötig. Es ist schlicht nichts anderes als ein Verrechnungsvorgang zum Zwecke der bürokratischen Vereinfachung. Alle erhalten zunächst eine Steuergutschrift. Alle zahlen danach auf alle Einkommen Steuern – der Besserverdienende mehr als der Geringverdienende. Das ist gerecht.

Entscheidend ist, was am Ende – also nach den Steuerzahlungen auf das Einkommen – für eine Nettobilanz besteht. Ob also jemand mehr oder weniger Einkommensteuer zahlt, als er Grundeinkommen erhalten hat. In der Praxis wird sich dann zeigen, dass die Mehrheit der Bevölkerung auch mit einem Grundeinkommen netto – also über alles gerechnet – weiterhin Steuern zahlt. Wer viel verdient, wird nämlich weit mehr Steuern an den Staat abführen als das Grundeinkommen. Er ist netto Steuerzahler und das Grundeinkommen mindert lediglich seine Steuerschuld.

Wer wenig oder gar nichts verdient, wird weniger Steuern bezahlen als das Grundeinkommen. Er ist ein Zuschuss- oder Transferempfänger, weil er insgesamt vom Staat mehr Geld erhält, als er an den Staat Steuern zahlt. Aus Sicht der Staatskasse ist sein Beitrag negativ.

Wie viel Steuern der Besserverdienende mehr zahlen

soll als der Geringverdienende, damit unterschiedlichen Gerechtigkeitsvorstellungen entsprochen wird, ist eine Frage, die politisch beantwortet werden muss. Mit dem Grundeinkommen an sich hat das nichts zu tun. Es ist lediglich das Instrument zur Umsetzung politischer Entscheidungen.

Offensichtlich wird, dass die Höhe des Grundeinkommens und der Steuersatz die Stellschrauben sind, mit denen Politik und Bevölkerung das neue Sozialsystem steuern können. Dabei gilt es, zwischen Gerechtigkeitszielen und Anreizeffekten ein vernünftiges Gleichgewicht zu finden. Diese Abwägung ist weder spezifisch für das Grundeinkommen noch eine neue Problematik. Sie ist in jedem Falle mit jeder Form von Sozialpolitik verbunden.

Zwischen den Arbeitsanreizen jener, die staatliche Unterstützung erhalten, und den Leistungsanreizen der anderen, die staatliche Transfers durch Steuern zu finanzieren haben, besteht ein Spannungsfeld – immer, nicht nur beim Grundeinkommen. Ein hohes Grundeinkommen macht hohe Steuersätze erforderlich. Dadurch werden Anreize zu eigener Leistung geschmälert. Erwerbsarbeit wird dann weniger attraktiv. Ein niedriges Grundeinkommen lässt sich mit niedrigen Steuersätzen finanzieren. Eine geringe Steuerbelastung wirkt sich positiv auf die Leistungsanreize aus. Erwerbsarbeit wird erstrebenswerter.

Neu ist, dass beim Grundeinkommen das gesamte Einkommen gleichermaßen an der Quelle der Entstehung besteuert wird. Und zwar vom ersten bis zum letzten

Euro mit dem gleichen Steuersatz.[4] Beamte, Selbstständige sowie Kapitalerträge, Zinsen, Dividenden, Tantiemen, Mieteinkommen etc. werden genauso wie die Löhne der Unselbstständigen oder die mit Robotern erzielten Unternehmensgewinne in die Solidarpflicht eingebunden. Sozialpolitik geht alle an. Deshalb müssen alle Einkommensquellen ihren Beitrag zur Finanzierung des Sozialstaates leisten – auch die (Eigentümer der) Roboter.

Warum kein bedingungsloses Grundeinkommen?

Für die Befürworter ist das bedingungslose Grundeinkommen ein unverzichtbares sozialpolitisches Konzept einer modernen Gesellschaft des 21. Jahrhunderts. Es wird als logische Konsequenz aus den demografischen, technologischen, sozialen und ökonomischen Veränderungen der letzten und der kommenden Jahrzehnte verstanden. Globalisierung und Digitalisierung beschleunigen den Wandel von Wirtschaft, Gesellschaft und Politik. Vielen Menschen geht vieles viel zu schnell. Entwurzelung, Verunsicherung und Angst sind die Folgen.

Das bedingungslose Grundeinkommen sorgt für Halt, Sicherheit und schafft Freiräume. Wenn die Existenz materiell in jedem Falle zu jeder Zeit garantiert ist, wird die Bevölkerung von der Sorge des wirtschaftlichen Überlebens entlastet. Das Grundeinkommen schafft Voraussetzungen, die für selbstbestimmte Tätigkeiten genutzt werden können. Natürlich werden nicht alle die neu verfügbaren Möglichkeiten ausschöpfen. Das tun viele auch heute nicht. Aber mindestens wer will, kann die sich mit dem Grundeinkommen bietenden Gelegenheiten ergreifen.

Für die Gegner ist »Geld für alle« in Form eines vom Staat bedingungslos an alle ausbezahlten Grundeinkommens eine absurde Idee naiver Weltverbesserer. Sie sind sich sicher, dass eine Wirtschaft ohne Arbeitszwang nicht funktionieren kann. Wer würde sich noch anstrengen, wenn die Existenz – heute, morgen, immer – durch den Staat und nicht durch eigene Leistung gesichert ist? Wer wäre da noch bereit, gefährliche, schmutzige, schlecht bezahlte Arbeiten zu erledigen?

»Wer nicht arbeiten will, der soll auch nicht essen.« Das ist die protestantische DNS. Sie prägt Arbeitsethos und Solidarität. Deshalb laufe »ein Grundeinkommen für jedermann einem Grundgedanken der christlichen Soziallehre zuwider ...: dem Prinzip der Subsidiarität«.[5] Erst kommt die Selbsthilfe, danach die Unterstützung durch Familie und Verwandtschaft. Allein, wer alle privaten Rettungsanker geworfen hat und dennoch unverschuldet in Not gerät und verbleibt, darf Hilfe von Gesellschaft und Staat erwarten – vorausgesetzt, er ist Mitglied des Sozialsystems und hat vorher durch seine Beiträge zur Finanzierung der Sozialversicherungen beigetragen.

Wieso aber muss eine moderne Wissensgesellschaft im 21. Jahrhundert an einer Vogel-flieg-oder-stirb-Ideologie längst vergangener Tage festhalten? Dass also ein Teil der Bevölkerung aus reiner Existenznot Arbeiten erledigen muss, die niemand sonst machen würde.

Das bedingungslose Grundeinkommen sieht in den technologischen Neuerungen der Digitalisierung nicht einen Angriff auf die menschliche Arbeitskraft. Im Gegenteil. Es erkennt die historische Chance für eine vollständig neue Arbeitsteilung zwischen Menschen und Automaten: nicht mehr »Mensch gegen Maschine«, sondern »Mensch mit Maschine«. Der Mensch arbeitet nur noch das, was Spaß und Sinn macht. Stupide und unwürdige Arbeiten erledigt der Roboter – rund um die Uhr, besser, verlässlicher, ausdauernder und billiger, als es Menschen je konnten.

Wenn künftig mehr und mehr Automaten an die Stelle von Menschen treten (können), wieso sollen dann Roboter dem Menschen nicht auch jene Arbeiten abnehmen, die gefährlich, gesundheitsgefährdend, körperlich belastend, schmutzig, langweilig und repetitiv sind? Warum können im Zeitalter der Digitalisierung nicht Putzroboter Toiletten reinigen, unbemannte Drohnen Pakete zustellen, selbst fahrende Kräne Dächer decken und rund um die Uhr nimmermüde Kameras Wachdienste und Kontrollgänge erledigen? Und die von derartiger Arbeit befreiten Menschen wenden sich stattdessen kreativen, spannenden und sinnvollen Tätigkeiten zu.

Es gibt Ökonomen, die ein bedingungslos gewährtes Grundeinkommen für eine »abstruse Idee mit starken Fehlanreizen« halten: »Die Arbeitsmoral würde zerrüttet, die Grundlagen der Arbeitsethik ... würden zerstört«.[6] Nichts sei kostenfrei und niemand dürfe ohne jede eigene Anstrengung unterstützt werden.

Natürlich gibt es bei jedem Sozialstaatsmodell Menschen, die selber nichts tun und auf Kosten anderer leben. Das ist aber jetzt bereits möglich. Denn auch der heutige Sozialstaat sorgt dafür, dass niemand wirtschaftlich ins Bodenlose stürzt. Trotzdem streben die wenigsten danach, von Sozialhilfe zu leben. Die meisten wollen durch eigene Leistung ihren Lebensunterhalt finanzieren.

Ein Sozialstaat der Moderne muss auf die Leistungswilligen ausgerichtet sein, nicht auf die Leistungsverweigerer. Er soll jene ermächtigen, die etwas leisten wollen. Und er soll nicht mit einem riesigen bürokratischen Aufwand Unwillige zu Arbeiten zwingen, die durch Roboter billiger und besser erledigt werden können.

Um es in aller Klarheit auszudrücken: Im Zeitalter der Digitalisierung wird der Wohlstand der Nationen immer weniger davon abhängen, ob es gelingt, unwillige Menschen durch einen Überlebenszwang zu nötigen, gefährliche, schmutzige und stupide Arbeiten zu erledigen, die in aller Regel einem äußerst geringen Beitrag zur Wertschöpfung einer Gesellschaft insgesamt entsprechen und deshalb auch demgemäß schlecht bezahlt werden. Mikroökonomisch sowieso, aber auch makroökonomisch sind es Leistungsfähigkeit und Leistungswille, die für den wirtschaftlichen Erfolg entscheidend sind. Sie gilt es zu stärken und zu fördern. Darauf muss ein Sozialstaat im 21. Jahrhundert ausgerichtet sein. Und nicht darauf, Menschen zu etwas zu zwingen, was nur dem nackten Überleben dient, aber für den Wohlstand und ökonomischen Fortschritt einer Volkswirtschaft insgesamt unbedeutend bleibt.

Noch einmal: Für menschenunwürdige Jobs gibt es Roboter. Und Maschinen kosten oft nur auf den ersten Blick scheinbar mehr als menschliche Arbeitskräfte. Werden die langfristigen – heutzutage oft vernachlässigten, da sozialisierten – Kosten von Gesundheitsschädigung, Burnouts, Depressionen und Erwerbsunfähigkeit mitberücksichtigt, zeigt sich in einer Zeit, in der es mit Automaten und Maschinen einfach verfügbare Alternativen gibt, mehr denn je der ökonomische Unsinn, Menschen durch Arbeit zu verschleißen.

Für den Wohlstand einer Volkswirtschaft wird es bei Weitem entscheidender sein, wie innovativ, kreativ und wettbewerbsfähig die Bevölkerung im Großen und Ganzen ist. Entsprechend muss auch ein Sozialstaat darauf ausgerichtet sein, nicht durch Zwang Missbrauch verhindern zu wollen, sondern durch Anreize Innovationspotenziale, Kreativität und Leistungsfähigkeit aller zu fördern.

Andere Kritiker argumentieren aus einer politisch linken, gewerkschaftsnahen Position gegen ein bedingungsloses Grundeinkommen. Es sei »so gefährlich«, weil es

»für Teile des rechten politischen Spektrums die Illusion (schaffe), mit einem (möglichst geringen) ›Einkommen für alle‹ darüber hinausgehende Verteilungsfragen dauerhaft zu unterbinden«.[7] Was für ein fundamentaler Irrtum! Weder kann noch will das Grundeinkommen normative Fragen der Verteilungsgerechtigkeit klären. Es ist ein Instrument der Sozialpolitik, keine sozialpolitische Ideologie. Es konzentriert sich ausschließlich auf die Einkommensteuer. Vermögens- oder Erbschaftssteuerfragen bleiben komplett unberücksichtigt und müssen von Gesellschaft und Politik anderweitig beantwortet werden.

Wenn es politisch mehrheitsfähig ist, kann mit dem bedingungslosen Grundeinkommen jedes gewünschte Maß der Umverteilung von Besser- zu Schlechtverdienenden durchgesetzt werden. Es bleibt der Politik unbenommen, das Grundeinkommen und die Einkommensteuersätze nach Belieben festzulegen. Dabei ist es sicher nicht schädlich, mit politischer Vernunft und ökonomischem Sachverstand zu agieren und Maß und Mitte nicht aufgrund ideologischer Überzeugungen aus den Augen zu verlieren.

Aus gewerkschaftlicher Sicht dominiert die Sorge um den Machtverlust die Bewertung des bedingungslosen Grundeinkommens. »Was vielen Erwerbslosen irrigerweise als ›Schlaraffenland ohne Arbeitszwang‹ erscheint, wäre in Wirklichkeit ein Paradies für Unternehmer, in dem Arbeitnehmer weniger Rechte als bisher und Gewerkschaften keine (Verhandlungs-)Macht mehr hätten.«[8]

Richtig ist, dass mit dem Grundeinkommen der Arbeitsmarkt von einer Vielzahl sozialpolitischer Aufgaben befreit wird. Insbesondere bedarf es keiner sozialpolitisch motivierten gesetzlichen Mindestlöhne mehr. Wieso auch? Die Mindestsicherung tritt anstelle des Mindestlohns. Die Existenz aller wird durch das Grundeinkommen gesichert. Ein Mindestlohn, der nur jenen hilft, die Arbeit haben, ist für ein Leben in Würde aller nicht mehr erforderlich.

Falsch ist jedoch, dass mit einem Grundeinkommen Arbeitnehmerinnen und Arbeitnehmer und Gewerkschaften weniger Verhandlungsmacht hätten. Das Gegenteil trifft zu. Wenn Menschen nicht aus purer wirtschaftlicher Existenznot gezwungen sind, jeden angebotenen Job unter allen Bedingungen anzunehmen, können sie Nein sagen, wenn eine Arbeitsstelle an unwürdige Bedingungen gebunden ist. Es ist also gerade umgekehrt: Noch nie hätten Arbeitnehmerinnen und Arbeitnehmer mehr Macht als mit einem Grundeinkommen!

Vertreter eines aktivierenden Sozialstaates halten ein Grundeinkommen für eine »Stilllegungsprämie«.[9] Wenn der Staat das Existenzminimum aller abgesichert habe, würde er sich aus seiner Verantwortung für die Problemgruppen zurückziehen (können). »Eine durch den Staat vermittelte neue Chance auf gesellschaftliches Fortkommen würde es nicht mehr geben.«[10] Das kann sein. Aber wieso soll oder muss der Staat im Nachhinein Beschäftigungslose aktivieren? Wieso kann er nicht im Voraus Voraussetzungen schaffen, dass Menschen aus eigenem

Antrieb, eigenverantwortlich und selbstbestimmt tun, was sie machen wollen?

Ein Sozialstaat des 21. Jahrhunderts soll präventiv Probleme verhindern und nicht im Nachhinein Probleme aktivierend korrigieren wollen. Er soll die Mehrheit der Bevölkerung ermächtigen, vorhandene Fähigkeiten auszuschöpfen. Das Grundeinkommen schließt ja nicht aus, dass es für Einzelfälle gute Gründe gibt, auch in Zukunft staatliche Unterstützung bei Umschulungen und Neuorientierungen zu gewähren. Aber die staatliche Aktivität soll nicht mehr mit dem paternalistischen Anspruch legitimiert werden, Menschen zum Glück der Arbeit zwingen zu wollen.

Das bedingungslose Grundeinkommen findet Zulauf

»Es gibt Ideen, die ihren Weg zwar langsam machen, die aber nicht einfach wieder weggehen, weil nicht jedermann sie sogleich aufnimmt. Dazu gehört der Gedanke, daß es für alle Bürger entwickelter, zivilisierter Gesellschaften ein garantiertes Mindesteinkommen geben sollte.«[11] Was Lord Dahrendorf – ehemaliger Vorstandsvorsitzender der liberalen Friedrich-Naumann-Stiftung für die Freiheit – bereits vor 30 Jahren erkannte, bewahrheitet sich auch beim Grundeinkommen. Gut Ding will Weile haben.

Die Zeit für das bedingungslose Grundeinkommen ist jetzt gekommen. Digitalisierung und demografischer Wandel erzwingen und ermöglichen eine sozialpolitische Neuorientierung. An immer mehr Stellen wird erkannt, dass das Grundeinkommen – bei allen Unsicherheiten und Risiken – für die Sozialpolitik die besten Chancen bietet, die Vorteile der großen Herausforderungen des 21. Jahrhunderts zu maximieren und die Nachteile zu minimieren.

Weltweit findet das Grundeinkommen Interesse und Zulauf. Der stärkste Antrieb kommt international vom Basic Income Earth Network.[12] In Deutschland werben verschiedene Netzwerke für ein Grundeinkommen.[13] Eine repräsentative Forsa-Umfrage im Auftrag der Körber-Stiftung im Herbst 2016 ergab eine starke Zustimmung für ein bedingungsloses Grundeinkommen. Auf die Frage: »Wenn jeder Erwachsene einen bestimmten Betrag bekommt, im Gegenzug aber andere staatliche Sozialleistungen wegfallen würden, sind Sie grundsätzlich für oder gegen ein solches ›bedingungsloses Grundeinkommen‹?«, antwortete über ein Drittel der Befragten (nämlich 38 %) mit »Dafür«.[14] Nur wenig mehr (43 %) waren dagegen. Die Befragten unter 30 Jahren sprachen sich sogar mehrheitlich für ein Grundeinkommen aus. Ebenso positiv fiel die Zustimmung bei den erwerbstätigen Männern im Alter zwischen 25 und 39 Jahren aus. Hier war fast die Hälfte dafür (48 %) und nur 39 % äußerten sich gegen ein Grundeinkommen. Mehr und mehr – vor allem jüngere – Deutsche verstehen, dass es einer radikalen Modernisierung des Sozialstaates bedarf, damit möglichst viel Solidarität bewahrt werden kann.

In der Schweiz wurde im Juni 2016 über die Einführung eines bedingungslosen Grundeinkommens abgestimmt. Zwar scheiterte die Volksinitiative deutlich. Drei Viertel der Bevölkerung waren dagegen, nur ein Viertel sprach sich dafür aus. Aber immerhin über eine halbe Million Schweizerinnen und Schweizer befürworteten ein Grundeinkommen.[15]

Finnland testet ab 2017 das bedingungslose Grundeinkommen in der Praxis. Drei von fünf Finnen haben sich bei Umfragen dafür ausgesprochen, monatlich einen fixen Betrag vom Staat bezahlt zu bekommen – ohne dafür arbeiten zu müssen.[16] Und so sollen nun 2000 zufällig ausgewählte Arbeitslose ohne Bedingung oder Gegenleistung und selbst dann, wenn sie einen Job gefunden haben, über ein ganzes Jahr eine Unterstützungszahlung von monatlich 560 Euro bekommen. Von den Testergebnissen erhofft man sich Einsichten darüber, wie ein Grundeinkommen die Anreize verändert, eine Beschäftigung zu suchen und anzunehmen.

Es ist sicher kein Zufall, dass in den letzten Jahren das bedingungslose Grundeinkommen in der Schweiz und in Finnland am intensivsten diskutiert wird. Beide Staaten gehören im weltweiten Vergleich zu den wohlhabendsten Volkswirtschaften. Beide haben neben dem Wissen, dem Können und der Leistungsfähigkeit der Bevölkerung kaum natürliche Standortvorteile. Deshalb ist in beiden Ländern das Bewusstsein ausgeprägter als anderswo, dass die Wirtschaftspolitik darauf ausgerichtet werden muss, menschliche Potenziale zu fördern, und weniger darauf, Unwillige zu zwingen, etwas zu tun, was diese nicht wollen und letztlich zum gesamtwirtschaftlichen Erfolg nicht wirklich maßgeblich beiträgt.

Aber nicht nur in der Schweiz und in Finnland, sondern in vielen anderen Ländern lassen sich mehr und mehr – wie die Forsa-Umfrage vom Herbst 2016 zeigt – vor allem junge Menschen vom Grundeinkommen faszinieren, inspirieren und überzeugen.[17] Sie wollen offensiv die Chancen nutzen, die neue Technologien, Wertewandel und Verhaltensveränderungen auch gerade für Wirtschafts- und Sozialpolitik eröffnen. Sie möchten agieren, nicht reagieren, die Zukunft gestalten, nicht Problemfälle verwalten.

Der wachsende Zulauf verdeutlicht, dass viele das Grundeinkommen für das schlüssigste Modell eines Sozialstaates des 21. Jahrhunderts halten. Sie erkennen, dass die großen sozioökonomischen Megatrends der Zukunft – der demografische Wandel, die Individualisierung und die Digitalisierung – die Welt, die nationalen Volkswirtschaften und das gesellschaftliche Zusammenleben so fundamental verändern werden, dass sozialstaatliche Konzepte aus dem vorletzten Jahrhundert damit völlig überfordert sein werden. Deshalb wollen sie einen Systemwechsel und nicht nur eine Reparatur.

Nicht ohne, aber weniger Risiken als Alternativen

Das bedingungslose Grundeinkommen akzeptiert, dass die großen Zukunftstrends unumkehrbar sind. Es will nicht die Welt ändern, um sie an ein altes Sozialsystem anzupassen. Es setzt stattdessen auf ein neues System für die Welt des 21. Jahrhunderts.

Das Grundeinkommen ist in der Tat ein radikaler Neustart. Aber es ist beides: gerecht und liberal. Es behandelt alle gleich, belastet aber die Leistungsstarken mehr als die Leistungsschwachen. Es garantiert allen ein Leben in Würde, ohne ein bestimmtes Verhalten als Gegenleistung einzufordern.

Das Grundeinkommen löst nicht alle Probleme. Und sicherlich wird es neue schaffen. So ist die Festlegung des Existenzminimums eine zentrale Frage, über die heftig gestritten werden wird. Was alles ist erforderlich, um die unantastbare Würde des Menschen zu bewahren? Genauso schwierig ist es abzuschätzen, wie hoch die zusätzlichen Kosten in bestimmten Lebenslagen sind, beispielsweise bei Invalidität oder Gebrechlichkeit. Und schließlich ist der Übergang vom aktuellen zu einem neuen Sozialstaatsmodell eine gewaltige Herausforderung. Denn viele Menschen haben heute feste staatliche Leistungszusagen, die es ohne Abstriche einzuhalten gilt.

Dennoch: Obwohl das bedingungslose Grundeinkommen weder perfekt ist noch einfach oder gar kostenlos einzuführen sein wird, lohnt es sich mehr denn je, über einen sozialpolitischen Systemwechsel zu streiten. So utopisch ein bedingungslos gewährtes Grundeinkommen vielen immer noch erscheinen mag: Manchmal verursachen die langfristigen Risiken radikaler Veränderungen geringere Folgekosten als die mit einer Fortführung des Bestehenden verbundenen Gefahren.

Ein Festhalten an veralteten Konzepten provoziert nicht nur eine sozialpolitische Schieflage. Es gefährdet ganz grundsätzlich Verständnis und Akzeptanz für Zusammengehörigkeit und Solidarität – besonders bei der jüngeren Generation, die ganz andere Erwartungen an die Zukunft hat als ihre Eltern. Auch ein »Weiter so wie bisher« birgt immense Risiken. Eine »geteilte Nation«[18], eine »digitale Kluft«[19] oder gar eine »Kündigung des Generationenvertrags«[20] drohen.

Eine Fortführung des alten Sozialstaatsmodells vergeudet die mit der Digitalisierung einhergehende Chance, den Alltag und die Arbeitsteilung zwischen Mensch und Maschine neu zu gestalten. Wenn die Digitalisierung die Optionen bietet, den Menschen vom Arbeitszwang für gesundheitsschädigende, stupide Tätigkeiten zu befreien, wäre es da nicht eine Sünde, nicht alles dafür zu tun, dass dieser alte Menschheitstraum für möglichst viele möglichst weitgehend erfüllt wird?

Das bedingungslose Grundeinkommen ist ein Sozialstaatsmodell, das ökonomische Effizienz und soziale Absicherung versöhnt. Es ist radikal, aber eben auch gerecht.

Es ist liberal und zeitgemäß. Deshalb bietet es die beste sozialpolitische Voraussetzung für einen »Wohlstand für alle« im Deutschland des 21. Jahrhunderts.

Das Problem:
Der veraltete Sozialstaat

Die Pfeiler des heutigen Sozialstaates wurden zu Zeiten Bismarcks im 19. Jahrhundert gesetzt. Der Ausbau erfolgte nach dem Zweiten Weltkrieg. Er ging einher mit einem Wirtschaftswunder, einem stark steigenden Wohlstand, einem Babyboom und einem Industriezeitalter mit arbeitsintensiver Fertigung. Entsprechend den ökonomischen, sozialen und demografischen Rahmenbedingungen der damaligen Zeit ruht der heutige Sozialstaat

1. **demografisch** auf der klassischen Bevölkerungspyramide mit vielen Jungen und wenigen Alten,

2. **gesellschaftlich** auf dem traditionellen Familienverständnis mit einem Mann als Alleinverdiener und einer Mutter, die sich zu Hause um die Erziehung der gemeinsamen Kinder kümmert,

bis die Ehe durch den Tod und nicht durch den Scheidungsrichter getrennt wird,

3. **ökonomisch** auf einer stark wachsenden Wirtschaft, die für einen stetig größeren Verteilungsspielraum sorgt, und

4. **ideologisch** auf einem Arbeitsethos, aus dem sich eine lebenslange Erwerbstätigkeit als Regelfall ableitet, der wiederum einen Anspruch auf sozialstaatliche Unterstützung rechtfertigt.

Die folgenden vier Kapitel werden darlegen, dass keiner der Pfeiler des in der Vergangenheit aufgebauten Sozialstaates mehr trägt – nicht in der Gegenwart und schon gar nicht in der Zukunft. Im Gegenteil: Das sozialstaatliche Fundament ist morsch geworden. Alterung, Individualisierung, Digitalisierung und Wertewandel verändern die demografische, gesellschaftliche, ökonomische und ideologische Lebenswirklichkeit tiefgreifend und weitreichend. Dem muss ein Sozialstaat für das 21. Jahrhundert Rechnung tragen. Sonst wird er in sich zusammenstürzen.

1. Herausforderung: Alterung

Deutschlands Bevölkerung altert.[21] Das fordert den Sozialstaat in doppelter Hinsicht heraus. Erstens werden mehr Menschen länger denn je sozialpolitische Ansprüche stellen. Sie werden länger Rente beziehen. Und sie werden mehr Gesundheits- und Pflegeleistungen nachfragen.

Zweitens werden die Seniorinnen und Senioren zu einer zunehmend stärkeren politischen Macht. Nichts wird in der Sozialpolitik mehr ohne ihre Zustimmung geschehen können. Sie werden wesentlich bestimmen, was die aktive Generation umzusetzen hat.[22]

Beides zusammen wird die sozialen Sicherungssysteme zusätzlich belasten. Es ist mehr als fraglich, ob der Sozialstaat den zunehmenden Forderungen und dem politischen Druck der Älteren standhalten kann. Eher droht die Gefahr, dass die Post-Babyboomer, also die ab den 1980er-Jahren Geborenen, zu »Ohnmächtigen« werden, die den Wohlstand ihrer Eltern kaum erreichen dürften – nicht zuletzt weil sie gegen die Lobby der zahlenmäßig stärkeren Alten nicht ankommen.[23]

Steigende Lebenserwartung – höhere Gesundheitskosten

In Deutschland ist die Lebenserwartung im letzten Jahrhundert und besonders in der Nachkriegszeit stetig angestiegen. Als der Reichstag am 24. Mai 1889 mit knapper Mehrheit von 185 gegen 165 Stimmen das »Gesetz betreffend die Invaliditäts- und Altersversicherung« als dritten großen Baustein der Bismarck'schen Sozialversicherungsgesetzgebung (nach der gesetzlichen Kranken- und der Unfallversicherung von 1883 bzw. 1884) beschloss,[24] lag die Lebenserwartung bei Geburt für Männer bei 35,6 Jahren und für Frauen bei 38,5 Jahren.[25] Die Hälfte der Bevölkerung starb vor dem 40. Geburtstag. Weniger als ein Drittel wurde älter als 60 Jahre. Es war eine etwa einem Fünftel der Bevölkerung vergönnte Ausnahme und nicht die Regel für alle, das von Bismarck auf 67 Jahre festgelegte Renteneintrittsalter zu erreichen.

Wer heute geboren wird, darf hoffen, als Mann über 78 Jahre und als Frau über 83 Jahre alt zu werden. Rund 85 % der Männer und sogar über 90 % der Frauen erreichen das derzeitige gesetzliche Renteneintrittsalter von 65 Jahren. 65-jährige Männer haben dann noch eine Lebenserwartung von ca. 18 Jahren. 65-jährige Frauen können davon ausgehen, noch mehr als weitere 20 Jahre zu leben und Rente zu beziehen. Eine lange Ruhestandsphase ist zur Regel für die meisten geworden. Nur zur Erinnerung: »Seit 1970 hat sich wegen der steigenden Lebenserwartung die Rentenbezugszeit von 9,6 auf mehr als 17 Jahre fast verdoppelt, ohne dass sich das Renteneintrittsalter dementsprechend angepasst hat.«[26]

Der Trend zu einem längeren Leben wird sich in diesem Jahrhundert fortsetzen. Allerdings wird sich wohl das Fortschrittstempo verlangsamen und dürfte – zumindest nach heutigem Kenntnisstand – an eine biologische Grenze stoßen. In den kommenden ein bis zwei Dekaden dürfte sich jedoch pro Jahrzehnt die Lebenserwartung für Neugeborene noch um mehr als ein Jahr und für über 65-Jährige um ein bis anderthalb Jahre verlängern.[27] Das bedeutet: Mädchen des Geburtsjahrganges 2030 werden im Durchschnitt bereits über 85 Jahre alt werden, Jungen über 80 Jahre. Was in noch weiter entfernt liegender Zukunft geschehen wird, ist aus heutiger Sicht unsicher. Denn die Biologie des Alterns und die Gründe für den Alterungsprozess sind bisher nur unvollständig erforscht.[28]

Das gesteigerte Bewusstsein für gesunde, lebensverlängernde Verhaltensweisen und auch die ökonomischen Möglichkeiten, mehr für Prävention und Therapie auszugeben, sind heute die Treiber der steigenden Lebenserwartung, die allen Altersklassen zugutekommen. Ebenso spielt der Strukturwandel von der Industrie- zur Dienstleistungsgesellschaft eine wichtige Rolle. Harte körperliche und gefährliche Tätigkeiten haben ab-, die Sicherheit am Arbeitsplatz hat zugenommen.

Fortschritte der Medizin und der Pharmazie sowie neue Technologien in der Medizintechnik schaffen wunderbarerweise die Voraussetzungen, den Gesundheitszustand aller – vor allem aber der Älteren – zu verbessern und mehr Menschen denn je ein gesundes Leben bis ins Greisenalter zu ermöglichen. Selbst schwere Erkrankungen, gravierende Kreislauf- oder Herzprobleme können heute erfolgreich bekämpft werden. Und »Ersatzorgane aus der Petrischale« versprechen bereits die nächste medizinische Revolution, weil es möglich werden wird, aus eigenen Stammzellen beschädigte Organe zu ersetzen. Damit werden fremde Spenderorgane überflüssig.[29]

Die für alle steigende Lebenserwartung führt dazu, dass das Gesundheitswesen finanziell gewissermaßen Opfer seines eigenen Erfolgs wird. Weil heute vieles möglich ist, was gestern noch undenkbar war, werden auch mehr Menschen länger als jemals zuvor mehr teure Gesundheits- und Pflegeleistungen einfordern. Die EU-Kommission prognostiziert, dass für Deutschland die jährlichen öffentlichen Ausgaben für Renten, Gesundheit und Pflege von 19 % des BIP im Jahre 2013 auf 21,7 % im Jahre 2030 und auf 23,8 % im Jahr 2060 steigen werden.[30] Das bedeutet für den deutschen Staatshaushalt Zusatzkosten von fast einer halben Billion Euro.

Wie der Gesundheitsökonom und SPD-Bundestagsabgeordnete Karl Lauterbach eindrücklich darlegt, wird vor allem der Krebs Deutschland erobern: »Langfristig ist Krebs die wichtigste Epidemie unserer Zeit, die sich unaufhaltbar ausbreitet.«[31] Nach seiner Prognose wird jeder zweite Deutsche an Krebs erkranken, was zu einer gewaltigen

Kostenlawine führen und die Krankenkassen vor immense Finanzierungsprobleme stellen wird. Wie weit sollen gesetzlich Versicherte die oft sehr teuren Behandlungen finanziert erhalten, und wann entscheidet wer, dass möglicherweise nicht so wirkungsvolle, dafür aber billigere Pharmazeutika kostenerstattungsfähig sind?

Es mag zynisch klingen, bleibt aber trotzdem richtig: Die steigende Lebenserwartung wird zum größten Krebsrisiko der künftigen Alten des 21. Jahrhunderts, also der Babyboom-Generation der 1960er-Jahrgänge. »Sie erhöht das Krebsrisiko deutlich mehr, als alle bekannten Vorbeugemöglichkeiten es reduzieren könnten«, so Lauterbach. Die einfache Logik hinter dem Befund: Der Erfolg bei der Bekämpfung anderer lebensbedrohlicher Erkrankungen, wie beispielsweise Herzinfarkt oder Kreislaufkollaps, oder das Vermeiden von Übergewicht, Bewegungsarmut oder Suchtmitteln, lässt am Ende mehr und mehr nur noch Krebserkrankungen übrig, die vergleichsweise schwer zu vermeiden, behandeln und heilen sind.

Die deutsche Gesellschaft wäre also sehr gut beraten, sich weniger über Rente oder Pflege und viel mehr über Krebs Gedanken zu machen. Mehr Menschen werden an Krebs erkranken als pflegebedürftig werden. »Pflegebedürftig sind Menschen in der Regel wenige Monate am Ende ihres Lebens, an Krebs leidet man häufig ein ganzes Jahrzehnt. Krebs jedoch kostet allein in einem Jahr oft so viel wie die gesamte Pflege eines Menschen im Alter«, schreibt Karl Lauterbach.

Es ist an der Zeit, den demografischen Wandel nicht nur als Prozess der Alterung und Schrumpfung der Bevölkerung zu diskutieren. Wer soll in welchem Maße von den Fortschritten der Krebsbekämpfung profitieren können und wer muss dafür wie viel bezahlen? Das sind die wirklich wichtigen Fragen, die eine Gesellschaft umtreiben werden, in der eine krebsfreie Familie in Zukunft zur Ausnahme und die Wahrscheinlichkeit, dass Familienangehörige an Krebs erkranken, die Regel wird. Die Antwort wird natürlich immense Rückwirkungen auf den Sozialstaat und die Finanzierbarkeit seiner Ausgaben haben.

Steigende Lebenserwartung – längere Rentenbezüge

Neben den Gesundheits- und Pflegekosten wirkt sich die längere Lebenserwartung für den Sozialstaat am offensichtlichsten bei der Altersvorsorge aus, die in Deutschland nach dem Umlageprinzip funktioniert. Eine zunehmende Zahl von Seniorinnen und Senioren verursacht unmittelbar eine steigende Belastung für den noch im aktiven Erwerbsleben stehenden Teil der Bevölkerung.

Im Gegensatz zum kapitalgedeckten Verfahren sorgen beim Umlageprinzip die Berufstätigen während ihrer aktiven Erwerbsphase nicht für ihre eigene Rente vor.

Sie finanzieren durch eine direkte Umlage die aktuellen Rentnerinnen und Rentner. Dafür wiederum erwarten die heute Jüngeren zu späteren Zeiten, wenn sie selber alt geworden und im Ruhestand sein werden, von nachfolgenden Generationen unterstützt zu werden. Dieser Umlagemechanismus wird Generationenvertrag genannt, der stillschweigend zwischen Alt und Jung geschlossen wird.[32]

Mithilfe des Altenquotienten lässt sich veranschaulichen, wie der demografische Wandel das Verhältnis von Erwerbstätigen und Seniorinnen und Senioren in den kommenden Jahrzehnten verändern und damit den Generationenvertrag infrage stellen wird.[33] Nach Einschätzung des Statistischen Bundesamtes wird unter der Annahme einer vergleichsweise schwachen Zuwanderung mit einem langfristigen Wanderungssaldo von jährlich 100.000 Personen und einem Renteneintrittsalter von 65 Jahren der Altenquotient von heute 34,2 bis 2030 auf 50,0 und bis 2030 weiter auf 64,9 steigen. Bei stärkerer Zuwanderung mit einem langfristigen Wanderungssaldo von jährlich 200.000 Personen und einem gleichbleibenden Renteneintrittsalter von 65 Jahren steigt der Altenquotient nur unmerklich weniger dramatisch an, und zwar von heute 34,2 auf 48,7 im Jahr 2030 und 61,1 im Jahr 2060.[34]

Der starke Anstieg der Zahl von Rentnerinnen und Rentnern im Verhältnis zu Personen im erwerbsfähigen Alter impliziert für die Zukunft entweder:

a. eine Verringerung des Rentenniveaus oder

b. eine Erhöhung des Rentenversicherungsbeitrags oder

c. eine wesentlich verlängerte Lebensarbeitszeit oder

d. mehr Zuwanderung oder

e. eine gleichzeitige Drehung der verschiedenen verfügbaren Stellschrauben.

Keine der Optionen ist einfach. Alle stoßen auf Gegenwehr. Und es zeigt sich rasch, dass man sich in Bezug auf die Effektivität der verschiedenen Handlungsoptionen keine allzu starken Hoffnungen machen sollte.

Eine Verringerung des Rentenniveaus wird auf den erbitterten Widerstand einer Gesellschaft stoßen, deren Wählerschaft altert. Weniger Rente ist für Seniorinnen und Senioren der direkten Betroffenheit wegen keine akzeptable Option. 1950 bildeten die Jugendlichen die stärkste Altersgruppe.[35] 30 % der in Deutschland lebenden Menschen waren jünger als 20 Jahre und nur 15 % älter als 60. Nur eine von 100 Personen war älter als 80 Jahre. Im Jahr 2030 werden – je nach Annahme der jährlichen Zuwanderungsüberschüsse – die Jüngeren zur Minderheit und die Älteren zur Mehrheit werden. Der Anteil der unter 20-Jährigen an der Bevölkerung dürfte auf ein Sechstel sinken, jener der über 65-Jährigen auf fast 30 % steigen.

Was kommenden Generationen als Folge der demografischen Alterung künftig droht, lässt sich mit der Politik der letzten Jahre exemplarisch veranschaulichen: Die Große Koalition hat »Teile der gut versorgten heutigen Rentner noch für Milliarden mit Mütterzuschlag und Vorruhe-stand« bedacht, »während die nächste Klemme absehbar ist«[36].

Nicht erst in einer fernen Zukunft, sondern schon heu-te lässt sich in Deutschland gegen die Macht der Älteren keine Politik mehr machen. Wahlsiege und Mehrheiten gibt es nur noch mit und nicht mehr ohne Zustimmung der Senioren. Wer die demografisch bedingte Machtver-schiebung verkennt, hat in alternden Demokratien keine politische Überlebenschance.

In einer »Altenrepublik Deutschland«[37] ist zu erwarten, dass bei der gesetzlichen Rentenversicherung (GRV) künf-tig eher die Stellschraube »Erhöhung der Rentenbeiträ-ge« und weniger an der Option »Absenkung des Renten-niveaus« gedreht werden wird. Damit wird ein Szenario wahrscheinlicher, bei dem immer mehr Junge von heute im Alter mit Armut zu kämpfen haben werden.

Denn auf der einen Seite bleibt den nach 1970 Gebo-renen in ihrer aktiven Phase immer weniger netto vom brutto. Sie haben in Form steigender Rentenbeiträge einen Generationenvertrag zu erfüllen, zu dem sie nie gefragt wurden und dem sie niemals zugestimmt hätten. Somit ist der Spielraum beschränkt(er), eigene Ersparnisse als Vorsorge fürs Alter bilden zu können.

Andererseits wird das durchschnittliche Niveau der Ren-ten zur Jahrhundertmitte, wenn die Jahrgänge ab 1970 in den Ruhestand gehen möchten, auf einem Tiefststand liegen, der zum Überleben nicht wirklich reichen wird.

»Die GRV entwickelt sich zurück zu einem System der Mindestsicherung, das allerdings allenfalls für langjährig Versicherte Altersarmut verhindert, während viele andere auf bedürftigkeitsgeprüfte Zusatzleistungen angewiesen sein werden.«[38]

Für viele wird die Rente bei Weitem nicht genügen, den gewohnten Lebensstandard im Ruhestand weiter finanzieren zu können. Denn als Folge der Digitalisierung werden nicht alle 45 Jahre ungebrochen erwerbstätig sein, und somit werden viele keine Vollrente erhalten. Die Altersarmut wird erst Alleinerziehende und Langzeitarbeitslose, später jedoch auch Geringverdienende und Durchschnittsrentner treffen.

Private Vorsorge galt als Hilfsmittel, um das Gröbste zu verhindern. Welche Hoffnungen fälschlicherweise aufgebaut wurden, wird jedoch durch die Zinsentwicklung aufgedeckt. Die Nullzinswelt der Gegenwart hat die Aussicht auf hohe Zins- und Zinseszinsen in der Zukunft brutal zerstört. Die junge Generation von heute muss im Laufe ihres Erwerbslebens etwa doppelt so viel sparen wie ihre Eltern, um beim Eintritt ins Rentenalter über genauso viel Kapital zu verfügen.[39]

Die Unsicherheit der Vorsorge gilt im Übrigen auch für die Betriebsrenten. Bei vielen Firmen reichen die Rückstellungen, die für die betriebliche Altersvorsorge der Belegschaften gebildet wurden, bei Weitem nicht aus, um die heutigen Zusagen künftig erfüllen zu können. Der Wegfall der Zinseszinseinnahmen reißt auch hier große Lücken.[40]

Also steigt die Versuchung, das Geld anders anzulegen, sodass es an Wert gewinnt, statt verliert. Damit aber nehmen die Risiken zu. Wer Immobilien, Edelmetalle oder Aktien als Ersatz für Sparbuch und Bundesanleihen nachfragt, trägt mit dazu bei, dass Blasen entstehen – also stark steigende Vermögenspreise –, die eines Tages platzen können. Ein rapider Wertverfall könnte gerade dann eher einsetzen, wenn – einem Herdentrieb gehorchend – alle verunsicherten Anleger dem gleichen Verhalten – der Flucht in die Sachwerte – folgen. Wenn in den kommenden Jahrzehnten ältere Generationen ihre Vermögenswerte liquidieren wollen, um damit ihre laufenden Konsumausgaben im Alter zu finanzieren, kann rasch ein Überschussangebot an Immobilien, Edelmetallen und auch Finanztiteln entstehen, was deren Preise (dramatisch) fallen lässt.

Länger arbeiten ist gut, produktiver arbeiten ist besser

Selbst die Stellschraube »längere Lebensarbeitszeit« greift nicht wirklich. Natürlich ist eine Erhöhung der Lebensarbeitszeit in doppelter Hinsicht für eine Senkung des Altenquotienten wirkungsvoll. Einerseits würde die Zahl der Rentnerinnen und Rentner (also der Zähler des Altenquotienten) langsamer steigen, andererseits die Zahl der Erwerbsfähigen (also der Nenner des Altenquotienten) höher bleiben. Beides zusammen verringert durchaus den Altenquotienten.

Vorsicht vor Illusionen ist jedoch geboten, wenn es um den tatsächlich zu erwartenden Verbesserungseffekt geht. Die massiven Folgen einer alternden Bevölkerung auf das Rentensystem lassen sich auch mit einer Anhebung des Renteneintrittsalters nicht beseitigen, sondern nur dämpfen. Selbst wenn die Deutschen 2030 erst mit 67 in Rente gehen würden, läge das Rentenniveau nur gut einen Prozentpunkt höher als bei einer Fortschreibung des Status quo (nämlich bei 45,2 % des durchschnittlichen Arbeitnehmereinkommens statt bei 44,1 %), und bis 2040 wäre der Effekt noch geringer (nämlich nur ein Plus von 0,4 %).[41]

Eine wirkliche Stabilisierung auf dem heutigen Niveau kann nur dann gelingen, wenn das Renteneintrittsalter zwischen 2030 und 2060 jährlich um jeweils einen weiteren Monat nach oben gesetzt und im Jahr 2060 bei 69,5 liegen würde und zusätzlich die Maximalrente nicht ab 45, sondern erst ab 49 Beitragsjahren gewährt wird.[42] Das bedeutet aber auch, dass die heute gute Beschäftigungssituation bis zur Jahrhundertmitte ungebrochen anhalten muss. Ansonsten werden 49 ungebrochene Beitragsjahre für die von Erwerbslosigkeit Betroffenen sowieso illusorisch und drohen starke Abschläge von der Vollrente.[43]

Aber der Rentenbeitrag würde so oder so von 18,7 % 2015 auf 21,0 % 2030 und auf 23,4 % im Jahr 2040 steigen – also auch hier wäre die Entlastung für künftige Erwerbtätige äußerst bescheiden. Und selbst wenn die Regelaltersgrenze an die stetige Lebenserwartung gekoppelt und 2060 das Rentenalter bei 69,5 Jahren liegen würde, »ist das Problem steigender Beitragssätze noch nicht aus der Welt«[44]. Sie würden so oder so und im besten Falle auf etwa 25 % steigen. Das ist deshalb keine Bagatelle, weil auch bei der gesetzlichen Kranken- und der sozialen Pflegeversicherung die Beitragssätze steigen dürften. Somit wird netto immer weniger vom Bruttoverdienst übrig bleiben. Genau das Gegenteil dessen, was eigentlich politisch angesagt sein sollte.

Der geringe Effekt einer verlängerten Lebensarbeitszeit bedeutet keinesfalls, dass diese Option nicht mit Nachdruck zu verfolgen und, soweit irgendwie möglich, auszuschöpfen ist. Es spricht rein gar nichts dagegen, das Rentenalter an die steigende Lebenserwartung zu koppeln.[45] Eine Verbesserung des Rentenniveaus um einen Prozentpunkt ist nicht nichts. Aber selbst dann verschlechtert sich bis 2030 eben das Rentenniveau immer noch um rund drei Prozentpunkte gegenüber heute. Und auch wenn der Anstieg der Rentenbeiträge um einen Prozentpunkt gebremst werden könnte, verbleibt bis 2030 eine Erhöhung um gut zwei Prozentpunkte. Auch wenn es also aller Mühen wert ist, eine verlängerte Lebensarbeitszeit anzustreben, drohen erhöhte Rentenbeiträge und geringere Renten.

Mit der Stellschraube »mehr Zuwanderung« sind ähnlich vorteilhafte, aber eben auch ähnlich schwache Verbesserungseffekte zu erwarten. Mehr Zuwanderung kann den Sozialstaat entlasten, aber nicht ohne Kosten und bei Weitem nicht stark genug. Die Effekte der Migration werden von beiden Seiten – den Befürwortern wie den Gegnern einer verstärkten Zuwanderung – maßlos überschätzt. Fakt ist, dass sowohl die positiven wie auch die negativen Folgewirkungen für den Sozialstaat und dessen Finanzierung marginal und nicht fundamental sind.[46]

Der Grund für die vergleichsweise schwache Minderung der demografischen Alterung durch Zuwanderung ist relativ einfach: Auch Zuwanderer werden älter, sodass ein Verjüngungseffekt im Laufe der Zeit verpufft, selbst wenn vergleichsweise junge Menschen nach Deutschland kommen sollten. Und sogar wenn ein jährlicher Wanderungssaldo von 300.000 zur Regel werden sollte, würde bei einem Renteneintrittsalter von 65 Jahren der Altenquotient von heute 34,2 bis 2030 auf 48,0 und bis 2060 auf 57,2 ansteigen.[47] Der Effekt gegenüber den Szenarien mit geringerer Zuwanderung wäre somit minimal. Oder anders ausgedrückt: Zuwanderung ist nur eine sehr begrenzte Lösung für die durch den demografischen Wandel hervorgerufenen Herausforderungen.

Es ist erschreckend, dass bei allen politischen Diskussionen über die Reform des Rentensystems die noch längere Zeit gültigen Basistrends in den Rahmenbedingungen nicht wirklich akzeptiert werden. Die Lebenserwartung wird noch längere Zeit weiter steigen, das Rentenniveau wird sinken, die Rentenbeiträge werden steigen und weder eine Anhebung des Renteneintrittsalters noch »mehr Zuwanderung« werden die Schieflage wirklich substanziell geraderücken können.

Die fundamentale Stellschraube, um die Renten nachhaltig zu sichern, ist eine hohe Produktivität. Es genügt nicht, wenn Menschen nur eine Arbeit haben. Nur wenn sehr viele Menschen ein ganzes Leben lang sehr viel produktiver als heute arbeiten und deutlich später als heute in den Ruhestand gehen, kann das soziale Sicherungssystem grundlegend saniert werden.

Die Arbeitsproduktivität zu steigern heißt aber, entweder mehr Geld für eine bessere Qualifizierung auszugeben oder die Kapitalintensität zu steigern, also Maschinen statt Menschen arbeiten zu lassen. Im ersten Fall dürften die Löhne der Besserverdienenden steigen, was angesichts der Beitragsbemessungsgrenze für die Sozialversicherungen kaum einen starken Entlastungseffekt für die gesetzliche Rentenversicherung haben dürfte. Im zweiten Fall werden Roboter statt Arbeiter den Mehrwert schaffen. Da Roboter nicht, Beschäftigte aber sehr wohl sozialversicherungspflichtig sind, wird sich die Finanzierungssituation für die gesetzlichen Rentenkassen in diesem Falle sogar verschlechtern.

Als Quintessenz zeigt sich, dass sich eine nachhaltige Sanierung eines Rentensystems aus einer längst vergangenen Epoche in Zukunft kaum realisieren lässt. Allein deshalb reicht eine einfache Reparatur oder eine weitere Anhebung des Renteneintrittsalters nicht aus. Es braucht einen grundsätzlichen Neuanfang. Den ermöglicht das bedingungslose Grundeinkommen.

Das Grundeinkommen schließt alle Einkommen gleichermaßen in die Solidarpflicht ein. Es kennt weder eine Beitragsbemessungsgrenze noch eine steuerliche Ungleichbehandlung des Einkommens von Robotern und Menschen. Für die Besserverdienenden soll das gesamte Einkommen die Bemessungsgrundlage bilden. Und Maschinen sollen wie Menschen ihren Beitrag zur Finanzierung des Sozialstaates leisten.

2. Herausforderung: Digitalisierung

Die digitale Revolution wird die Lebenswirklichkeit des 21. Jahrhunderts so prägen wie die industrielle Revolution den Übergang von der Agrar- zur Industriegesellschaft. Kein anderer Trend wird ökonomisches Handeln und weltwirtschaftliche Entwicklungen in den nächsten Dekaden stärker verändern.[48]

Mit Kohlen betriebene Dampfmaschinen waren die Antriebskräfte der Industrialisierung. Mit Menschen gekoppelte und verbundene intelligente Maschinen und Roboter sind das Herz des Zeitalters der Digitalisierung. »Der Aufstieg der Roboter« – so der Titel des Bestsellers von Martin Ford – stellt »unsere Arbeitswelt gerade auf den Kopf«.[49]

Digitalisierte Automaten werden zunehmend Hände ersetzen und damit die Nachfrage für standardisierte, arbeitsintensive Tätigkeiten verringern. Selbst fahrende und ferngesteuerte, mit künstlicher Intelligenz ausgestattete Maschinen werden in Produktion, Be- und Vertrieb oder Wartung, aber auch bei der Mobilität und im Verkehr oder bei der Pflege komplexe Arbeitsvorgänge bis hin zu Diagnose und Therapie übernehmen.

Die digitale Revolution wird im »Internet der Dinge« nicht nur Maschinen, sondern auch Menschen und deren Wissen und Können mit Robotern und deren künstlicher Intelligenz zu völlig neuen Wertschöpfungsketten verschmelzen. Der 3-D-Drucker wird fertige Luxusvillen oder maßgeschneiderte Anzüge ausspucken. Er wird auch exquisite Diätmenus zubereiten, die in jeder Beziehung den Erwartungen, dem Geschmack und der aktuellen Stimmung und Gesundheit der Genießer gerecht werden.

Die Digitalisierung wird alle geltenden Gesetzmäßigkeiten infrage stellen. Wenig wird so bleiben, wie es heute ist. Die meisten Berufe und Tätigkeiten werden – mehr oder weniger – neu auszurichten sein. Das gilt nicht nur für einfache Routinetätigkeiten. »Auch hoch Qualifizierte wie Radiologen werden von Computern ausgestochen, die deutlich schneller und zuverlässiger Diagnosen erstellen können.«[50] Steuer- oder Versicherungsberater werden durch Softwareprogramme, Bankangestellte durch Onlinebanking ersetzt.

Digitalisierung und Arbeitswelt

Die Angst vor dem »Ende der Arbeit« ist so alt wie die Industrialisierung.[51] Und sie hat sich ebenso lange als völlig falsch erwiesen. Der arbeitssparende Strukturwandel ist eine Konstante der wirtschaftlichen Fortentwicklung von der Agrarwirtschaft über die Industrialisierung zur Dienstleistungs- und Wissensgesellschaft. Tätigkeiten verschwinden, andere entstehen. In der Summe hat das nicht zum Ende der Arbeit geführt, sondern dazu, dass heute mehr Menschen in Deutschland arbeiten als jemals zuvor in der Geschichte. Aber: Sie arbeiten anders. Und vor allem arbeiten sie heutzutage kürzer.[52] Genau diesen Trend wird die Digitalisierung weiter und beschleunigt vorantreiben.

Digitalisierung bedeutet keineswegs das Ende der Arbeit. Aber sie wird Arbeit, Arbeitsplätze und Arbeitszeit in dramatischer Weise verändern. Auch das ist nichts Neues. Dampfmaschinen, Motoren und elektrische Energie haben im Übergang zum Industriezeitalter ähnliche Umwälzungen verursacht. Gleiches passierte seither stets und nun wieder. An immer mehr Stellen werden Roboter, kluge Maschinen und unermüdliche Automaten menschliche Arbeitskraft ersetzen. Künstliche Intelligenz wird das menschliche Gehirn entlasten und ergänzen. Selbst fahrende, selbst fliegende, selbst steuernde, rund um die Uhr einsatzbereite, fehlerfrei funktionierende, hoch vernetzte und mit künstlicher Intelligenz ausgestattete Systeme verringern die Nachfrage erst für standardisierte, immer mehr aber auch für komplexere und qualifizierte Arbeiten.

Die Digitalisierung setzt fort, was mit Mechanisierung und Automatisierung begann. Sie erhöht die Arbeitsproduktivität – also die von Arbeitern pro Werktag erbrachte Leistung. In kürzerer Zeit können weniger Menschen viel größeren ökonomischen Mehrwert erwirtschaften. Roboter sorgen somit dafür, dass Menschen Arbeit verlieren, aber Zeit gewinnen, um »heute dies, morgen jenes zu tun, morgens zu jagen, nachmittags zu fischen, abends Viehzucht zu treiben, nach dem Essen zu kritisieren, wo ich gerade Lust habe; ohne je Jäger, Hirt oder Kritiker zu werden« – so der junge Karl Marx.[53]

Die Digitalisierung wird Millionen heutiger Jobs überflüssig machen.[54] Es gibt Prognosen, die angesichts der Digitalisierung einen Arbeitsplatzwegfall von fast 50 % vorhersehen.[55] Mittlerweile können Maschinen fast alles, was Arbeitskräfte tun. Es ist eher eine Frage der Zeit, wie lange der Mensch dem Roboter in den drei Bereichen noch überlegen bleibt, in denen er momentan noch besser ist: erstens Kreativität – beispielsweise in der Forschung und der Erfindung neuer Problemlösungen oder im Erkennen und Wahrnehmen neuer Geschäftsmodelle; zweitens Emotionen und Empathie – beispielsweise in zwischenmenschlichen Beziehungen, also in der Pflege und Erziehung, in der Motivation und im Training, in der Bildung und Führung; und drittens Feinmotorik – beispielsweise bei der Geschicklichkeit, ein volles Tablett aus der Küche an den Esstisch zu bringen.[56] Geschützt sind somit Menschen, die mit Kopf, Gefühl und neuen Ideen ihr Geld verdienen. Dazu zählen auch Künstlerinnen, Sportler, Technologiefreaks, Coaches und Teamleiterinnen.

Digitalisierung und Arbeitszeit

Die Arbeit wird dem Menschen nicht ausgehen. Aber die Digitalisierung wird einen Trend verstärken, der dem Kapitalismus innewohnt. Sie wird Arbeitszeiten verkürzen und Maschinenzeiten verlängern. Das steigert die Arbeitsproduktivität jener, die eine Beschäftigung haben. Aber es mindert den Bedarf an Arbeitskräften.

Insbesondere zeitintensive Aktivitäten dürften eher durch Maschinen als Personen erledigt werden. Als Folge wird für eine Vielzahl von Menschen die wöchentliche und jährliche Arbeitszeit geringer werden, dafür aber wird es ab und zu längere Auszeiten geben und dürfte in fortgeschrittenem Alter länger als heute gearbeitet werden müssen – wohl auch zunehmend im Ehrenamt und periodisch begrenzt.

Einfache Tätigkeiten für Geringqualifizierte werden zwar nicht verschwinden, aber vergleichsweise immer schlechter bezahlt werden. Sind sie nämlich (zu) teuer, werden sie durch Automaten erledigt. Deshalb darf billige Arbeit nicht durch Sozialabgaben einseitig verteuert werden.

Natürlich werden auch Millionen neuer, heute noch unbekannter Jobs entstehen. Aber auch sie werden nicht im selben Maße Arbeitszeit beanspruchen, wie das historisch der Fall war. Die Schrumpfung der Arbeitszeit ist eine Konstante des Strukturwandels. Zu Beginn der Industrialisierung betrug die durchschnittliche tägliche Arbeitszeit 14 bis 16 Stunden, pro Woche kamen so über 80 Arbeitsstunden zusammen.[57] Eine gesetzliche Beschränkung der Arbeitszeit auf maximal 48 Wochenstunden erfolgte in Deutschland vor nicht mehr als 100 Jahren und erst in den 1960er-Jahren wurde die 40-Stunden-Woche zur tarifvertraglichen Regel. Die Digitalisierung wird eine weitere Absenkung der Arbeitszeiten erzwingen und ermöglichen.

Die mit der Digitalisierung einhergehenden makroökonomischen Effekte dürften zu einer weiteren Verstärkung eines ohnehin feststellbaren Trends führen: Produktivitätsfortschritte und durchschnittliche Arbeitseinkommen werden weiter auseinanderfallen. Im Zeitalter der Industrialisierung verliefen sie parallel. Die Digitalisierung wird die Zunahme von Produktivität von der Zunahme der Arbeitsverdienste eher entkoppeln als verzahnen.[58]

Die Digitalisierung dürfte somit eine Polarisierung der Gesellschaft verursachen. Es wird eine »digital divide« geben, also eine weiter gehende Spaltung in Gewinner und Verlierer der neuen Möglichkeiten, die das 21. Jahrhundert bieten wird. »Anstatt dass wir für Geld arbeiten, arbeitet

Geld für uns«, hat dies Robert Solow, der Nobelpreisträger für Wirtschaftswissenschaften des Jahres 1987, treffend beschrieben.[59] Und er verweist darauf, »dass sich ein immer größerer Anteil des Volkseinkommens nicht durch tatsächliche Arbeit generiert, sondern durch Investitionen«. Als Folge nimmt die Ungleichheit zu, was zu »hässlichen Konsequenzen« und »im schlimmsten Fall« dazu führe, dass »die Gesellschaft durch solche Entwicklungen auseinander(bricht).«

Um ein weder gesellschaftlich akzeptiertes noch ökonomisch gerechtfertigtes Auseinanderdriften von Wertschöpfung und Kapitaleinkommen auf der einen und Arbeitseinkommen auf der anderen Seite zu verhindern, gibt es nur eine faire Konsequenz[60]: Die mit der Digitalisierung einhergehenden Produktivitätsgewinne müssen breit(er) gestreut werden. Auch die Arbeitseinkommen sollten entsprechend der höheren Arbeitsproduktivität steigen.[61] Aber noch einmal: Davon würde nur profitieren, wer noch einen Job hat. Das wird für Kreative, mit Kopf oder Emotionen Arbeitende der Fall sein. Für die meisten anderen jedoch werden höhere Arbeitsproduktivität und steigende Löhne bestenfalls während kürzerer monatlicher oder jährlicher Erwerbszeiten spürbar werden.

Digitalisierung und Sozialversicherungen

Der Ersatz von Menschen durch Kapital ist weder neu noch schlecht. In den makroökonomischen Wechselwirkungen unterscheidet sich die Digitalisierung nicht von der Automatisierung oder Mechanisierung früherer Zeiten.

Es ist das Wesen von Kapitalismus und Industrialisierung, dass Maschinen Menschen ersetzen. Der Vorteil: Alles, was die Digitalisierung an Arbeit wegnimmt, treibt die Arbeitsproduktivität weiter nach oben, was wiederum die Löhne der noch Beschäftigten in die Höhe steigen lässt. Wenige besser bezahlte Menschen werden mit mehr Kapital vernetzt und verbunden mit der künstlichen Intelligenz des Internets der Dinge mit weniger Aufwand mehr Wertschöpfung erzeugen als jemals zuvor.

Der Nachteil: Die Digitalisierung setzt ein Sozialversicherungssystem unter Druck, das bei der Finanzierung einseitig auf Beiträge unselbstständiger Lohnbezieher setzt. Einerseits verdrängen Automatisierungsprozesse den Menschen. Jobs gehen verloren. Auch qualifizierte Formen der Arbeit verschwinden. »Andererseits aber soll an dem Modell, das seit der Industrialisierung die (Lohn-)Arbeit zum entscheidenden Faktor der Wertschöpfung, zum wichtigsten Kriterium für das Selbstwertgefühl des Menschen und zur vorrangigen Quelle für die Einnahmen des Staates gemacht hat, unerbittlich festgehalten werden. Das kann nicht gutgehen.«[62]

Mehr noch als in der Vergangenheit wird in Zukunft neben das Lohneinkommen ein Kapitaleinkommen treten, das von lernenden Maschinen, selbst fahrenden Fahrzeugen und Automaten mit künstlicher Intelligenz generiert werden wird. Nur einseitig Arbeitskräfte in die Sozialversicherungspflicht einzuspannen, Roboter aber davon frei zu halten, beschleunigt in der Tat einen arbeitssparenden Fortschritt noch einmal zusätzlich. Genau aus diesem Grund wird die Forderung lauter, nicht Menschen, sondern Roboter zu besteuern.[63]

Eine »Robotersteuer« könnte dem mit der Digitalisierung einhergehenden Strukturwandel helfen, gesellschaftlich an Akzeptanz zu gewinnen. Sie würde zwischen menschlicher Arbeit und dem Roboter mit seiner künstlichen Intelligenz für gleiche Lasten aus der Finanzierung des Sozialstaates sorgen. Eine Robotersteuer hat allerdings den Nachteil, dass sie – wie die seit dem Beginn der Industrialisierung immer wieder geforderte Maschinensteuer – einen Schuss ins eigene Knie bedeutet.

Eine Robotersteuer bremst den Einsatz von Automaten und Maschinen. Das mag auf den ersten Blick gewollt sein. Bei genauerem Hinsehen wird jedoch deutlich, dass eine Verdrängung des Roboters aus dem Wirtschaftsprozess dem Menschen, der geschützt werden soll, schadet und nicht nützt. Die Arbeitsproduktivität, also was Menschen pro Stunde an Mehrwert schaffen, wird dann nämlich gedämpft.

Wenn Menschen von Hand Briefe sortieren, schaffen sie

einen Bruchteil dessen, was kluge Roboter leisten – fehlerfrei, rund um die Uhr, ohne Leistungsabfall. Reine Handarbeit statt Roboterunterstützung wirkt sich negativ auf die Lohnentwicklung aus. Längerfristig können durch eine Verlangsamung der Roboterisierung die Wettbewerbsfähigkeit und als Folge davon sogar Beschäftigung und Wachstum gefährdet werden. Am Ende verliert dann der scheinbar geschützte Mensch seinen Job – vielleicht nicht an den Roboter von nebenan, sondern an das Ausland.

Somit dürfte es klüger sein, nach Verfahren zu suchen, welche die gesamte Wertschöpfung im Fokus haben. Allerdings zeigt sich hier eine weitere – durch die Digitalisierung verschärfte – Schwierigkeit. Anders als zu Zeiten der Wertschöpfung im Industriezeitalter macht das »Internet der Dinge« einen immer größer werdenden Teil der heutigen Wertschöpfung international mobil.[64] Mehrwert kann und wird virtuell und somit physisch losgelöst von geografisch abgrenzbaren Märkten geschaffen. Für den (nationalen) Staat ist es enorm schwierig, eine derartige standortungebundene Wertschöpfung zu erfassen und zu besteuern.[65]

Eine Besteuerung von Unternehmensgewinnen könnte eine Lösung sein. Aber der Sozialstaat als territorial abgegrenzte Solidargemeinschaft kommt als Folge der Digitalisierung unter enormen Druck. Weniger denn je kann er sich wehren, wenn Unternehmen oder deren Wertschöpfung abwandern und das Land verlassen, auch um Steuern zu sparen und Abgaben zu entgehen.

Unternehmensgewinne höher zu besteuern, würde bei nationalem Vorgehen wohl zu einer Verlagerung von Firmensitzen in Steueroasen führen.[66] Und eine internationale Vereinheitlichung der Unternehmensbesteuerung ist momentan in weiter Ferne. Folglich sind einer weiteren Drehung der Steuerschraube zur stärkeren Belastung von Unternehmensgewinnen enge Grenzen gesetzt.

Nicht Roboter, sondern ihre Eigentümer besteuern

Ein Sozialstaat des 21. Jahrhunderts soll den durch die Digitalisierung beschleunigten Strukturwandel weder bremsen noch verhindern. Eher soll er ihn beschleunigen. Er soll Hemmnisse abbauen, die den Einsatz von Robotern, Drohnen, Kameras und Automaten erschweren. Aber genauso wenig darf er billige Arbeitskräfte benachteiligen, indem er sie einseitig mit Sozialabgaben belastet.

Die Digitalisierung lässt Arbeitsproduktivität und Wertschöpfung steigen. Weniger Menschen schaffen mithilfe von Automaten, Maschinen und Robotern mehr Werte. Einseitig nur den Besitzern des »Internets der Dinge« den Mehrwert zufließen zu lassen, führt zu einer sich öffnenden Schere zwischen Kapital- und Arbeitseinkommen. Als Folge wird die Finanzierung des Sozialstaates über die Löhne erschwert. Es braucht eine beschäftigungsneutrale

Finanzierung des Sozialstaates über allgemeine Steuern auf alle Einkommen. Das bedingungslose Grundeinkommen folgt der Absicht, diese Forderung in der Realität umzusetzen.

Die wohl am ehesten praktikable Reaktion des Sozialstaates auf die »Entdinglichung«, die Flucht der Wertschöpfung durch die Digitalisierung in den raumlosen Orbit virtueller Netzwerke und den Ersatz menschlicher Arbeit durch selbstregulierte, mit künstlicher Intelligenz ausgestattete Automaten dürfte sich mit einer Besteuerung nicht der Roboter, sondern der Eigentümer der Roboter finden lassen.

Sobald Firmen Gewinne an ihre Aktionäre ausschütten, muss der Staat einen Anteil der Profite erhalten (egal, ob die Eigentümer im In- oder Ausland leben und steuerpflichtig sind).[67] Also nicht eine Robotersteuer, sondern eine Besteuerung der Robotereigentümer ist die beste Antwort auf den Angriff der Automaten auf menschliche Arbeitsplätze.

Um genau diese Überlegung in die Praxis umzusetzen, besteuert das bedingungslose Grundeinkommen alle Einkommen gleich – unabhängig von ihrer Herkunft. Arbeitseinkommen, Zinsen, Dividenden, Tantiemen, ausgeschüttete Gewinne, Miet-, Pacht- und alle anderen Kapitalerträge werden an der Ausschüttungsquelle oder Auszahlstelle erfasst – dazu gehören eben auch die durch Roboter erwirtschafteten Profite. Eine Ungleichbehandlung von Beschäftigten, Selbstständigen, Unternehmenseigentümern,

Kapitalbesitzern, Arbeitskräften und (Eigentümern von) Robotern entfällt. Alle werden sie gleichermaßen in die Finanzierungspflicht des Sozialstaates eingebunden.

3. Herausforderung: Individualisierung

Deutschlands Bevölkerung wird bunter. Die Zuwanderung von Menschen aus immer ferner liegenden Kulturkreisen spielt dabei sicher eine wichtige Rolle. Sie ist aber bei Weitem nicht die einzige Ursache dafür, dass Deutschland vielfältiger wird. Das »Zeitalter des eigenen Lebens«, wie es der Soziologe Ulrich Beck beschrieben hatte,[68] führt zu einer Reihe weiterer hausgemachter Gründe für mehr Unterschiede innerhalb der Gesellschaft. Dadurch sollten Menschen sozialpolitisch eher als Einzelfälle und weniger als standardisierte Normalfälle behandelt werden.

Vielfalt der Lebensphasen

Der erste und sicherlich erfreulichste Treiber der zunehmenden Vielfalt liegt darin, dass die Deutschen länger leben – und zwar bei meist guter bis sehr guter Gesundheit.[69] Als Folge davon werden die Lebensphasen vielfältiger. In früheren Zeiten prägten Kindheit und Erwachsensein das Dasein. Im letzten Jahrhundert kamen Jugend und Ruhestand dazu. Heute gibt es frühe und späte Stadien von Kindheit, Jugend und Erwachsensein. Vor allem aber werden Vorruhestand und Seniorenzeit wichtiger, bevor ein immer länger werdendes Altersdasein beginnt. Junge Alte werden aktiv, starten nach dem Berufsleben neue Karrieren. Sie wollen als Politikerinnen und Politiker Erfolg haben, beginnen ein Studium und erfüllen sich als Frührentner Kinderwünsche.

Auf der anderen Seite verblassen die Grenzen zwischen den Generationen. Noch nie haben sich Mütter von Töchtern sowie Väter von Söhnen so wenig unterschieden. Noch nie wurden Junge so spät erwachsen, so spät Eltern und so spät alt wie heute. Und noch nie waren sich Generationen so nahe. »Junge mögen ihre Eltern«.[70] Junge Erwachsene von heute haben »ein sehr enges Verhältnis zu den eigenen Eltern, sie sind eine Basisabsicherung«[71]. Die Jungen können sich in schwierigen Zeiten auf die finanzielle Unterstützung durch ihre Eltern verlassen.

Die längere Lebenserwartung und die »geschenkten« aktiven Lebensjahre haben einen immensen Einfluss auf die Arbeitswelt. Die Spreizung zwischen dem ältesten und dem jüngsten Betriebsangehörigen wird größer. Ebenso wird als Folge von unterschiedlichen Verhaltensweisen, Erwartungen und Lebenserfahrungen die gesellschaftliche, kulturelle und religiöse Vielfalt der Mitarbeiterinnen und Mitarbeiter zunehmen.

Je nach individueller Lebenssituation, Lebensplanung und Lebensphase wollen unterschiedliche Arbeitnehmer auch unterschiedlich behandelt werden. Ein standardisiertes Führungsverhalten, das auf einen Durchschnitt ausgerichtet ist, wird scheitern. Der Durchschnitt ist für die Gesamtheit der Mitarbeiterinnen und Mitarbeiter schlicht nicht mehr repräsentativ und somit nichtssagend.

Im Zeitalter zunehmender Vielfalt erwarten Mitarbeiter von ihrem Arbeitgeber entsprechende, auf die aktuellen Wünsche zugeschnittene Angebote. Dazu gehört die Flexibilität, die Arbeitszeit weitgehend selbstständig einteilen und zunehmend ortsungebunden, auch von anderen Arbeitsplätzen, von unterwegs oder von zu Hause aus arbeiten zu können. Des Weiteren wollen viele die Option haben, die Arbeitszeit abzusenken, um zum Beispiel mehr Zeit für Kinder, pflegebedürftige ältere Familienangehörige oder die eigene Weiterbildung zu haben. Dazu gehört aber auch die Option, nach einer (längeren) Auszeit die Arbeitsbelastung wieder intensivieren zu können, wenn man das wünscht.

Vielfalt der Lebensformen

Deutschland wird auch deshalb vielfältiger, weil sich aus vielen Gründen die Verhaltensweisen der in Deutschland lebenden Menschen voneinander weg entwickeln. Im

Nachkriegsdeutschland entsprach die vierköpfige Familie mit dem allein erwerbstätigen Mann und der Ehefrau und Mutter, die zu Hause blieb, um sich in erster Linie um das Aufwachsen und die Erziehung der beiden Kinder zu kümmern, einem Normalfall, der für einen Großteil der Bevölkerung in etwa zutraf. So lebten 1950 noch in rund einem Drittel aller Haushalte vier oder mehr Personen. Lediglich in weniger als in jedem fünften Haushalt lebte nur eine Person.[72]

Heutzutage wird aus unterschiedlichen Gründen das traditionelle Familienmodell zunehmend stärker infrage gestellt. Die klassische Familie mit Mann und Frau, die von der Trauung bis zum Lebensende eine Gemeinschaft bilden und zwei Kinder hat, wird seltener.

Neue vielfältige und stetig wechselnde Rollen in unterschiedlichen Formen des Zusammenlebens werden dagegen häufiger. Bedarfs- und Lebensgemeinschaften sowie Patchworkbiografien lösen traditionelle lineare Karrieren und Lebensverläufe ab.

Neben (auch nichtfamilialen) Lebensgemeinschaften mit und ohne Kinder und alleinerziehenden Elternteilen prägen Alleinstehende bei Jüngeren, Erwachsenen und Älteren sowie bunte Patchworkfamilien zunehmend das Bild der Gesellschaft. So ist die Zahl der Alleinstehenden im letzten Jahrzehnt stark angestiegen. 2011 lebten 17,6 Millionen Personen alleine oder teilten sich nur in seltenen Fällen (10 %) den Haushalt gelegentlich mit anderen Mitbewohnerinnen und Mitbewohnern. Im Vergleich zur Jahrtausendwende erhöhte sich damit der Anteil der Alleinstehenden um 2,6 Millionen oder 17 %.[73]

Die wachsende Bedeutung alternativer Familienformen geht mit der Entwicklung einher, dass Kinder heute bei Frauen und Männern einen anderen Stellenwert als in der Vergangenheit haben.[74] Nicht einmal die Hälfte der kinderlosen Deutschen zwischen 18 und 50 Jahren glaubt, dass Kinder ihr Leben bereichern und glücklicher machen würden.[75] Kinderlosigkeit ist in Deutschland zur Normalität geworden: »Wenngleich viele Menschen sich Familie wünschen, ist es mittlerweile auch weitestgehend sozial akzeptiert, aus verschiedenen Gründen (auch ungewollt) kinderlos zu bleiben.«[76]

Das gesellschaftliche Leitbild einer »guten Mutter« hat sich von Versorgung und Aufopferung zu Autonomie und Selbstverwirklichung verschoben.[77] Zunehmend wollen Frauen neben der Mutterrolle auch im Beruf aktiv bleiben. Und sie müssen es auch. Denn das Versprechen, dass sich Väter nicht nur für ihre Kinder, sondern auch für deren Mutter verantwortlich fühlen, trägt immer weniger. Oft brechen Familien auseinander. Mehr als jede dritte Ehe wird durch Scheidung getrennt.[78]

Alleinerziehende Mütter tragen das größte Risiko aller Bevölkerungsgruppen, in Armut leben zu müssen. Für Alleinerziehende liegt die Armutsgefährdungsquote 2014 mit fast 30 % fast dreimal so hoch wie für Haushalte mit zwei Erwachsenen mit Kindern.[79] Und das Alleinerziehen betrifft zum größten Teil Frauen: 2014 waren 1,5 Millionen Mütter, aber nur 180.000 Väter alleinerziehend. Ihnen muss das Augenmerk einer fairen Sozialpolitik gelten.

Vielfalt der Lebenspartnerschaften

Der schnelle ökonomische Strukturwandel macht eine stärkere Mobilität und größere Flexibilität erforderlich. Berufliche und private Neuorientierung erzwingen häufigere Wechsel von Wohnsitz und Arbeitsplatz. Des Öfteren geht damit ein Verlust bisheriger sozialer Beziehungen einher. Partnerschaften, Familien, Freundschaften und Bekanntschaften brechen auseinander. Gesellschaftliche Bindungen werden schwächer. Von Person zu Person unterschiedlicher werdende Verhaltensweisen und damit eine größere Vielfalt der Lebenspartnerschaften mit häufiger wechselnden Bezugspersonen sind die Folge.

Eine gesellschaftlich mehr und mehr akzeptierte Individualisierung erlaubt und erleichtert es mehr und mehr Menschen, das Leben so unabhängig wie möglich nach eigenen Vorstellungen gestalten zu können. Ungebunden alles, was gewünscht ist, zu tun und frei zu sein, seine Träume zu verwirklichen – das ist ein zunehmend populärer gewordenes und heute vielfach gelebtes Lebensmotto. Dazu passen Hashtags wie »regretmotherhood« und Blogs, wie sehr man es bereue, sich mit Kindern und Partnern ein Leben lang binden zu müssen.

Auch wenn die meisten Frauen in Deutschland Kinder haben, stieg der Anteil der kinderlos bleibenden Frauen in den letzten Jahrzehnten kontinuierlich an. Bei den Frauen der Geburtsjahrgänge 1933 bis 1948 blieben lediglich etwas mehr als 10 % kinderlos, bei den Geburtsjahrgängen 1964 bis 1968 hat sich dieser Anteil in etwa verdoppelt und jede fünfte Frau hatte keine Kinder. Das führt auch dazu, dass mittlerweile rund ein Fünftel der Gesamtbevölkerung alleine lebt. Dazu kommen insgesamt 2,7 Millionen Personen, die als alleinerziehende Mütter und Väter (zur Jahrtausendwende waren es 2,3 Millionen) leben.

Zudem sinkt die Zahl der Ehepaare. So gab es 2014 in Deutschland mehr als 1,6 Millionen Ehepaare weniger als noch vor zehn Jahren, was einem Rückgang von 8 % entspricht.[80] 1950 lag die Anzahl der Eheschließungen bei über 750.000, zu Beginn der 1960er-Jahre noch bei rund 700.000 pro Jahr.[81] 2015 waren es noch 400.000 und damit immerhin 14.000 bzw. 3,6 % mehr als 2014 und 26.500 bzw. 7 % mehr als 2013, dem Jahr mit den wenigsten Eheschließungen im Nachkriegsdeutschland.[82] Bezogen auf 1000 Einwohner hat sich also die Anzahl der Eheschließungen in Deutschland heute gegenüber den 1950er-Jahren halbiert.

Was bei Ehe und Familie erkennbar wird, findet auch in der Gesellschaft insgesamt seine Entsprechung. Traditionelle Formen des Zusammenlebens, das verbindende Bewusstsein einer gemeinsam erlebten Vergangenheit und Zugehörigkeit verlieren an Bedeutung. Eher bilden sich kleine, voneinander unabhängige Zirkel von Menschen mit ähnlichen Interessen und Werten. Diese neuen Gruppen ersetzen traditionelle Formen der Zusammengehörigkeit in immer stärkerem Maße. So hat sich die Zahl der Lebensgemeinschaften mit minderjährigen Kindern von 684.000 im Jahr 2004 um über ein Fünftel auf 883.000 im Jahr 2014 erhöht.[83]

Einzelfälle statt Normalfall

Die Vielfalt von Lebensphasen, Lebensformen und Lebenspartnerschaften und die damit einhergehende Individualisierung fordern den Sozialstaat heraus. Die Mehrheitsgesellschaft wird stärker ausdifferenziert. Deutschland wird sich wandeln und verändern und immer weniger den traditionellen Mustern, Verhaltensweisen und Wertvorstellungen der Vergangenheit folgen. Dafür sorgen nicht nur Menschen mit Migrationshintergrund. Auch für Junge und Alte, Gesunde und Gebrechliche, Gebildete und Unqualifizierte, Familien mit und ohne Kinder, Stadt- und Landbevölkerung wird der größte gemeinsame Nenner immer kleiner werden. Menschen müssen sozialpolitisch eher als Einzelfälle und weniger als standardisierter Normalfall behandelt werden.

In der Vergangenheit bot ein für die Mehrheit mehr oder weniger gültiger Normalfall Orientierung. Der »Eckrentner« war der Prototyp des durchschnittlichen Deutschen.[84] Er definierte den Standard, an dem sich alle Abweichungen messen und bewerten ließen. Der »Eckrentner« lebte in einer typischen deutschen Musterfamilie, an der sich der Sozialstaat orientierte.

Sie bestand aus dem berufstätigen Vater, der Hausfrau und zwei gemeinsamen Kindern. Das Familieneinkommen des alleinverdienenden Manns war die Basis für die Bedarfsgemeinschaft. In guten wie auch schlechten Zeiten waren Ehepartner untrennbare ökonomische Schicksals- und Solidargemeinschaften mit gemeinsamen Rechten und Pflichten – so auch der Verantwortung, gegenseitig ein Leben lang füreinander zu sorgen und auch sorgen zu müssen.

Heute gibt es kaum mehr ein allgemeingültiges Verhalten. Lebensformen und das Zusammenleben der Menschen unterscheiden sich mehr und mehr voneinander.

Mit dem Aussterben des »Eckrentners« aber verliert das soziale Sicherungssystem seinen Anker, an dem sich die für alle gültigen Standardwerte für Renteneintrittsalter, Rentenbezugsdauer, Rentenhöhe oder medizinische Grundversorgungsleistungen festmachen lassen. Das ist deshalb keine Bagatelle, weil es dadurch je nach Beruf und Region, Familienstand und Kindern gewaltige Unterschiede zwischen dem Höchst- und Tiefstwert von Rentenniveaus im Vergleich zum Bundesdurchschnitt geben wird.[85] Das gilt vor allem auch dann, wenn – aus welchen Gründen auch immer – die 45 Jahre einer ungebrochenen

Erwerbsbiografie nicht erreicht werden. Dann drohen massive Abschläge von der Vollrente.

Auch wenn Altersarmut heute noch kein grassierendes Phänomen darstellt, ist in den kommenden Jahren mit einem von einigen eher dramatisch und anderen eher geringfügig eingestuften »weiteren Anstieg der Empfänger der Grundsicherung im Alter zu rechnen«.[86]

Vor allem nicht oder in Teilzeit arbeitende Mütter sind die großen Verliererinnen des heutigen Sozialversicherungssystems – besonders wenn sie alleinerziehend sein sollten. Sie werden die Altersarmen von morgen sein.

Es ist deshalb nichts als der logische Selbsterhaltungstrieb der Frauen, nicht allein auf Ehe und Familie zu setzen, sondern mit einer eigenen Berufskarriere jederzeit auch eigenständig einen Plan B verfolgen zu können. Dem muss auch der Sozialstaat Rechnung tragen. Er soll nicht Anreize bieten, zu einem alten Rollenmodell zurückzukehren, und darf ein Ausscheren aus einem veralteten Rollenverhalten nicht bestrafen. Vielmehr muss er den Wandel aktiv unterstützen. Dazu gehört auch, jene Phasen abzusichern, die durch Unterbrechungen einer Erwerbstätigkeit gekennzeichnet sind.

Ein Sozialstaat des 21. Jahrhunderts muss von gebrochenen, nicht linearen Lebensverläufen als neuem »Normalfall« ausgehen. Er muss auf Einzelpersonen und nicht auf Familien ausgerichtet sein. Er muss der zunehmenden räumlichen und beruflichen Mobilität und Flexibilität künftiger Generationen gerecht werden.

Das bedingungslose Grundeinkommen trägt dem beschriebenen gesellschaftlichen Wandel Rechnung. Es ist ein zutiefst individuelles Konzept. Es behandelt alle gleich – völlig unabhängig von Geschlecht, Alter, Familienstand und Verhaltensweise. Es löst sich mehr als jedes andere Modell von festgelegten Gesellschaftsformen. Damit ist es die beste Antwort auf den Trend der Individualisierung.

4. Herausforderung: Arbeitsethos

Der Sozialstaat des letzten Jahrhunderts ist fest im protestantischen Arbeitsethos verankert. Arbeit und Eigenleistung sind die Grundlagen des individuellen Einkommens und Wohlstands. In der protestantischen Ethik ist Arbeit gottgefällig und wird der Lohn zum Zeichen göttlicher Anerkennung. Dem Subsidiaritätsprinzip folgend werden vom einzelnen Menschen primär aktive Eigenleistung und Selbsthilfe verlangt.[87] Wer arbeitsfähig ist, soll arbeiten und mit den Erträgen die eigene Existenz finanzieren. Erst sekundär kommen soziale Ausgleichsmechanismen zum Tragen. Die Hilfe anderer darf nur erwarten, wer unverschuldet in Not gerät.

Dem Arbeitsethos folgend haben sich staatliche Sozialleistungen am Arbeitseinkommen auszurichten. Sie sind als Abgabe aus dem Arbeitseinkommen zu finanzieren. So ist es auch der Plan bei der gesetzlichen Rentenversicherung. Beschäftigte sollen ein ganzes Arbeitsleben lang einzahlen, um dann im Ruhestand eine wohlverdiente auskömmliche Rente genießen zu können.[88]

Wenn Leben mehr als Arbeit ist

Sowohl die Digitalisierung als auch die moderne Arbeitswelt des 21. Jahrhunderts stellen das protestantische Arbeitsethos auf den Prüfstand. Sie machen möglich, dass
für immer mehr Menschen das Leben mehr ausmacht als
Arbeiten. Freizeit und Ruhestand nehmen einen größer
werdenden Teil der Lebenszeit ein.

Die Digitalisierung wird zwar nicht zum Ende der Arbeit führen, aber sie wird viele Arbeiten überflüssig machen – vor allem Routine- und Standardtätigkeiten im
Bereich geringer Qualifikationen. Das ist erfreulich, weil
dadurch viele gefährliche, langweilige und menschenunwürdige Aktivitäten von Robotern und Automaten erledigt
werden. Aber es heißt auch, dass viele Menschen weniger
lange und andere nicht immer arbeiten werden. Berufe
werden verschwinden, und immer weniger werden ein
Leben lang ununterbrochen tun, was sie als Jugendliche
gelernt haben.

Weder können somit kommende Generationen dem
Vorbild ihrer Eltern folgen, die ein Leben lang nach Voll-
zeitarbeit strebten. Noch wollen sie so arbeiten wie ihre
Vorfahren. Sie wünschen sich ein gesünderes Gleichgewicht zwischen Arbeit und Freizeit, Beruf und Familie.
Und sie müssen sich regelmäßige Auszeiten für Weiter-
und Fortbildung, zum Erwerb neuer Kenntnisse und
zum Aufladen der körperlichen und geistigen Batterien
nehmen. Nur so werden sie es schaffen, bis ins Alter von

70 Jahren oder mehr in jeder Beziehung fit, motiviert und leistungsfähig zu bleiben. Das aber wird mit einer 45-, 47- oder gar 49-jährigen ununterbrochenen Vollbeschäftigung kaum vereinbar sein. Entsprechend gefährdet sind die Ansprüche an eine Vollrente, die eine ungebrochene Erwerbstätigkeit voraussetzt.

Gerade um auf die zunehmende Komplexität der Arbeitswelt und auf die räumlich wie fachlich gestiegenen Mobilitätsanforderungen reagieren zu können, müssen Menschen im Laufe eines immer länger werdenden Erwerbslebens Phasen der persönlichen Weiterentwicklung und -bildung beanspruchen, in denen sie nicht arbeiten. Um mithalten zu können im Wettbewerb gegen immer klüger werdende Roboter und die internationale Konkurrenz, bedarf es einer stetigen Pflege der individuellen Kompetenzen und Fähigkeiten, von Leistungsfähigkeit und Leistungsbereitschaft.

Noch nie waren so viele Menschen so gut gebildet wie heute. Immer weniger werden daher bereit sein, »stupide« Tätigkeiten zu erledigen, vor allem auch, weil dafür zunehmend intelligente, technologische Alternativen zur Verfügung stehen, die den Menschen bei einfachen Aufgaben ersetzen. Dank der besseren Bildung werden immer mehr Menschen in der Arbeitswelt des 21. Jahrhunderts die Absicht und die Fähigkeit haben, kluge und kreative Tätigkeiten auszuüben, die Spaß machen und Sinn stiften. Viele können sich den Luxus leisten, von der Arbeit eine Bereicherung über das Materielle hinaus zu erwarten.

Wenn Roboter statt Menschen Dächer decken

Damit ist es an der Zeit, sich dem berühmten Dachdecker zuzuwenden, der als Prototyp stellvertretend für einen körperlich harten Beruf steht, der keinesfalls ein ganzes langes Leben ausgeübt werden könne.[89] Eine ohne Zweifel und Widerspruch richtige Einschätzung!

Was aber wird mit dem Dachdecker passieren, wenn 3-D-Drucker aus völlig neuen Materialien fertige Dächer erstellen oder Roboter in selbst fahrenden Kränen vorgefertigte Bauteile autonom zusammensetzen werden? Ob, wieweit und wie schnell im anbrechenden Zeitalter der Digitalisierung Roboter Menschen – und Daten Waren – erst ergänzen und dann ersetzen werden, wird von Kosten und Preisen abhängig sein. Ist Arbeit zu teuer, zu schwer oder zu gefährlich, wird sie durch Maschinen ersetzt werden.

Der Dachdeckerberuf war und ist so anstrengend, dass er heute schon in vielen Fällen nicht ein Leben lang hätte ausgeübt werden dürfen. Würden seine Leistungen angemessen gewürdigt und würde er besser bezahlt werden, wäre er jedoch bald so teuer, dass es für Bauherren und Arbeitgeber attraktiv(er) wird, ihn durch Veränderungen von Arbeitsabläufen, durch neue Technologien und durch moderne Bautechniken überflüssig zu machen. Wo er unersetzlich bleibt, wird er ganz spezielle Leistungen zu erbringen haben, für die es auch eine entsprechende Zahlungsbereitschaft der Kunden geben wird.

Aber nichts wird etwas daran ändern, dass für die Masse der Dachdecker ihr Beruf nicht ein immer längeres Leben lang eine Einkommensquelle sein wird. Darüber jedoch sollte man sich nicht grämen, sondern freuen. Es ist doch wunderbar, dass es für so schwierige, anstrengende und gefährliche Tätigkeiten Alternativen zur menschlichen Arbeit gibt.

Dem Dachdecker droht das Schicksal des Landwirts. Über Jahrhunderte war Landarbeit eine Plackerei und Schufterei; mit hohem Aufwand wurde vergleichsweise wenig produziert. Heute besorgen Maschinen die Feldarbeit, und der Bauer ist zum IT-Logistiker geworden, der seinen Betrieb über das Smartphone organisiert. Andere Berufe sind sogar vollständig dem Strukturwandel zum Opfer gefallen. Wer weiß noch, was ein Abdecker, Ameisler oder Lederer ist und was genau der berühmte Laternenanzünder zu leisten hatte?[90]

Selbstredend sind die betroffenen Dachdecker weniger begeistert davon, dass sie ihren Beruf nur noch ein paar Jahre ausüben sollen. Aber warum eigentlich? Auch für sie kann es doch kein Ziel sein, ein ganzes Leben lang einen so harten Job auszuüben, um am Ende ausgelaugt und ausgebrannt mit einer kürzeren Lebenserwartung dafür zu bezahlen.

Da ist es doch für alle klüger, nach ein paar Berufsjahren vom Dach runterzusteigen und für das weitere Erwerbsleben etwas anderes und Neues zu tun – das sich selbstredend auch in der gleichen Branche finden lässt, etwa als Vorarbeiter oder Baustellenmanager vor Ort. So wie es viele andere auch machen, die als Model, Sportler, Mechaniker, Schreibmaschinenhersteller oder Kernkraftmitarbeiter ihre berufliche Karriere begonnen haben und dann durch die Umstände zu einem Neuanfang gezwungen werden.

Qualifizierung bleibt wichtig!

Der Sozialstaat muss sich von seiner Konzentration auf Arbeit und erwerbstätige Personen lösen. Er muss vielmehr gerade die Zwischen- und Wechselphasen in den Fokus nehmen. Er soll die Bereitschaft zu Auszeiten ermöglichen und unterstützen. Das gilt – mit Blick auf Digitalisierung und demografische Alterung – in besonderem Maße für das Bildungswesen.

Nichts währt mehr ein Berufsleben lang. Alle müssen sich ändern, anpassen, weiterqualifizieren – die einen mehr, die anderen etwas weniger. Im Zeitalter der Digitalisierung verläuft die Erwerbstätigkeit nicht mehr lebenslang linear. Vielmehr sind Flexibilität und Mobilität gefordert. Auf Beschäftigungsphasen folgen Auszeiten, die für private Zwecke, Familie, Weiter- und Fortbildung oder auch zur längeren Erholung genutzt werden. Erwerbsarbeit wird für Erwachsene nicht mehr der alles dominierende Lebenszweck sein.

Bildungssysteme dürfen sich nicht länger primär auf die ersten Lebensdekaden fokussieren. Sie haben sich auch mit Hochleistungsangeboten an den Bedürfnissen der 30- bis 70-Jährigen zu orientieren. Das gilt in besonderem Maße für die Universitäten und Hochschulen. Sie müssen eine Spitzenlehre nicht nur für die Ausbildung junger, sondern auch eine qualitativ hochstehende Weiterbildung für ältere Studierende anbieten.

Natürlich nehmen fluide kognitive Fähigkeiten – also die Auffassungsgabe, Kreativität oder Originalität – mit zunehmendem Alter ab. Aber durch entsprechendes Training und dank den Fortschritten der Neurologie kann der Alterungsprozess verlangsamt werden. Auch weil mit dem Alter die kristallinen Fähigkeiten zunehmen – also Wissen und Erfahrung und die Fähigkeit, Wichtiges von Unwichtigem zu trennen. Und nicht zuletzt wird die Digitalisierung selber helfen, die Abnahme der individuellen fluiden Fähigkeiten wenigstens teilweise kompensieren zu können und die individuelle Leistungsfähigkeit aufrechtzuerhalten.

Somit spricht vieles dafür, dass sich Digitalisierung und Demografie in wunderbarer Weise ergänzen. Weniger, aber besser gebildete Menschen werden vernetzt und verbunden mit dem Internet der Dinge mit weniger Aufwand mehr Wohlstand schaffen als heute. Nimmt man das alles zusammen, zeigt sich bei allem Wandel eine Konstante: Das Rentensystem des 21. Jahrhunderts wird nur überleben können, wenn die deutsche Bevölkerung länger produktiver arbeitet. Und bei der privaten Vorsorge muss Humankapital, nicht Sachkapital zur Grundlage werden.

Wenn das Sparbuch keine Zinsen mehr abwirft und höhere Renditen bei Sachwerten auch höhere Risiken bedeuten, wird Bildung erst recht zu einer höchst attraktiven Alternative. Heute bereits ist die Bildungsrendite hoch, und gute Bildung ist die beste Versicherung gegen Arbeitslosigkeit und fehlende Beitragsjahre in gesetzlichen Sozialsystemen. Sie ist der Schlüsselfaktor für wirtschaftlichen Erfolg und gegen eine Vermeidung von Altersarmut.

Bildung ist – mehr noch als in der Vergangenheit – in Zukunft für die meisten Menschen das mit Abstand wichtigste Vermögen. Immer weniger können sich die Anstrengungen und Investitionen in gute Bildung auf den Lebensanfang beschränken. Sie haben ein ganzes, immer länger werdendes Leben lang oberste Priorität.

Wer immer wieder von Neuem weitergebildet wird, wird immer wieder und bis ins hohe Alter die Chance haben, gut zu verdienen. Der Clou dabei ist, dass individueller und gesamtwirtschaftlicher Erfolg Hand in Hand gehen. Wer besser gebildet länger und besser verdient, wird mehr in ein Sozialsystem einzahlen und weniger lange alleine auf staatliche Finanzhilfen im Alter angewiesen sein.

Deshalb sind der Zustand des Sozialstaates und die Altersarmut von morgen das Echo der Bildungspolitik von heute. Wenn die Babyboomer nicht jetzt mehr Geld für die Besserqualifizierung ihrer Kindeskinder in die Hand nehmen, werden die nach 1970 Geborenen als Seniorinnen und Senioren ab 2030 die negativen Folgen der unterbliebenen Bildungsinvestitionen zu spüren bekommen.

Das bedingungslose Grundeinkommen nimmt die Erkenntnis auf, dass sich der Sozialstaat der Zukunft nicht an der Vergangenheit, sondern an der Arbeitswelt des 21. Jahrhunderts orientieren soll. Es orientiert sich an gebrochenen, nicht lebenslang unverändert bleibenden und stetig verlaufenden Erwerbsbiografien. Es erleichtert Mobilität und Flexibilität und den Wechsel von Beruf und Tätigkeit. Es ermöglicht, Auszeiten für Umschulung sowie Aus-, Fort- und Weiterbildung zu finanzieren. Es erlaubt, in gute eigene Bildung zu investieren und so für die Zukunft vorzusorgen.

Vor allem aber richtet sich das bedingungslose Grundeinkommen nicht an Personen, die Probleme haben. Es ist darauf konzentriert, Probleme gar nicht erst entstehen zu lassen. Deshalb ermächtigt es alle, ihre Zukunft selbst in die Hand zu nehmen, bevor sie in Not sind. Mehr kann eine gerechte, effektive und liberale Sozialpolitik nicht leisten.

5. Ein Sozialstaat für das 21. Jahrhundert

Noch nie hat sich so vieles so rasch verändert wie heute. Erst war es die Globalisierung, die nationale Volkswirtschaften geöffnet, die internationale Arbeitsteilung vorangetrieben, den Wettbewerb verschärft und den Strukturwandel beschleunigt hat. Und als wäre das nicht genug, folgt nun die Digitalisierung. Sie stellt noch einmal in dramatischer Weise die Arbeitswelt des 21. Jahrhunderts auf neue Grundlagen.

Globalisierung und Digitalisierung verändern demografische und sozioökonomische Entwicklungen der Lebenswirklichkeit. Wunderbarerweise leben immer mehr Menschen bei guter Gesundheit immer länger. Und manche wollen anders leben als ihre Vorfahren. Neben die klassische Familie tritt eine Vielzahl neuer Formen des Zusammenlebens. Alterung und Individualisierung verlangen nach einem neuen Verständnis von Zusammengehörigkeitsgefühl und Solidaritätsbewusstsein in der Gesellschaft des 21. Jahrhunderts.

Keiner der tragenden Pfeiler des Sozialstaates der Nachkriegszeit entspricht noch der tatsächlichen Alltagssituation von heute und noch weniger jener von morgen:

- **Demografisch** hat sich die Bevölkerungspyramide auf den Kopf gestellt. Immer weniger Junge werden immer mehr Älteren gegenüberstehen;
- **gesellschaftlich** sind private wie berufliche Brüche von Beziehungen zur Regel geworden und ist das traditionelle Familienverständnis durch neue Formen des Zusammenlebens abgelöst worden;
- **ökonomisch** wächst die Wirtschaft langsamer, sind die Staatsschulden angestiegen und verändern Globalisierung und Digitalisierung die Wertschöpfungsprozesse, sodass der Verteilungsspielraum enger und der Generationenvertrag infrage gestellt werden;
- **ideologisch** verändern neue Technologien und ein Wertewandel die Arbeitswelt, sodass nachrückende Generationen von einer lebenslangen Erwerbstätigkeit weder ausgehen können noch daran festhalten wollen.

»Altersarmut«[91], »Kostenexplosion im Gesundheitswesen«[92] und »Pflegenotstand«[93] veranschaulichen in dramatischer Weise, was als Folge an großen Herausforderungen auf den Sozialstaat zukommt. Die Kosten steigen, trotzdem sinken die Leistungen. Das gilt bei der Rente, bei Krankheit und bei der Pflege. Wie baufällig heute bereits der Sozialstaat geworden ist, zeigen die Sozialversicherungssysteme. Schon seit Jahren muss die traditionelle Beitragsfinanzierung durch eine Steuerfinanzierung substanziell ergänzt werden – nämlich etwa zu einem Drittel.[94]

Am eindrücklichsten lässt sich am Beispiel der Rente darlegen, was auf den Sozialstaat zukommt. Da rauben einem die Fakten alle Illusionen. Das Rentenniveau wird dramatisch sinken. Heute liegt die Standardrente für einen Durchschnittsverdiener nach 45 anrechnungsfähigen Versicherungsjahren in den alten Bundesländern bei 1200 Euro pro Monat (nach Beiträgen zur Kranken- und Pflegeversicherung, vor Steuern).[95] Das entspricht knapp 48 % des durchschnittlichen Arbeitnehmereinkommens. Bis 2030 dürfte das Rentenniveau auf etwa 44 %, bis 2040 auf weniger als 42 % zurückgehen.[96] Mit einer »doppelten Haltelinie« will Bundesarbeits- und -sozialministerin Andrea Nahles festschreiben, dass erstens das Niveau der Standardrente in den kommenden 30 Jahren nicht unter die Schwelle von 46 % sinkt und dass zweitens der Beitragssatz nicht auf mehr als maximal 25 % ansteigt.[97]

Aber selbst wenn alles umgesetzt wird, was politisch versprochen wurde, werden jene die Zeche der heutigen Politik bezahlen müssen, die nach 1970 geboren wurden. Die 1970er-Jahrgänge werden immer höhere Beitragslasten zu schultern haben, um die Rentnerinnen und Rentner der Babyboomer-Generationen zu finanzieren. So wird der Rentenversicherungsbeitrag von 18,7 % im Jahr 2015 auf 21,9 % im Jahr 2030 und auf ca. 24 % im Jahr 2040 steigen.[98]

Die Geburtsjahrgänge nach 1970 werden also durch höhere Rentenbeiträge belastet, aber selber im Alter ein deutlich geringeres Rentenniveau als die Babyboomer-Generation haben. Eine derartige Schieflage ist nicht gerecht. Mehr noch: Die Beiträge zur gesetzlichen Rentenversicherung (GRV) werfen eine durchschnittliche Rendite von lediglich »knapp über null« ab.[99] Wahrlich keine gute Investition.

Die gesetzliche Krankenversicherung (GKV) zeigt einen ähnlichen Trend von steigenden Kosten und sinkenden Leistungen. Die Gesundheitsausgaben werden von demografischen Alterungsprozessen, dem medizinisch-technischen Fortschritt, aber auch angebotsinduzierten Leistungsausweitungen, dem mangelnden Kostenbewusstsein der Patienten sowie durch Ineffizienzen bei der Leistungserstellung getrieben.[100] Wie der Sachverständigenrat für Wirtschaft in einer Projektionsrechnung darlegte, dürften dadurch die Beitragssätze der gesetzlichen Krankenversicherung bis 2030 um minimal 2 bis 3 % ansteigen; maximal – wenn alles, was medizintechnologisch und pharmazeutisch möglich ist, auch finanziert wird – könnten es jedoch 5 bis 6 % sein.[101]

Der 2009 eingeführte Gesundheitsfonds hat die Nachhaltigkeit der Finanzierung nur scheinbar verbessert.[102] »Weder die Einführung des Gesundheitsfonds noch eine der nachfolgenden Finanzierungsreformen haben grundsätzlich etwas an der strukturellen Einnahmeschwäche der Gesetzlichen Krankenversicherung geändert.«[103] Vielmehr ist mit einem weiteren Anstieg der Zusatzbeiträge zur GKV von mehr als 2 % alleine bis 2020 zu rechnen.[104]

Die langfristigen Probleme wurden vielmehr durch die gute Wirtschaftsentwicklung, den starken Beschäftigungsaufbau und die als Folge hohen Beiträge überdeckt. Sie dürften bei der nächsten Konjunkturschwäche umso stärker wieder zum Vorschein kommen. Vor allem auch ist auf die Wechselwirkung von demografischer Alterung und Digitalisierung hinzuweisen. Die volle Rente wird nur erhalten, wer ohne Unterbrechung 45 Jahren versicherungspflichtig beschäftigt war und somit für seine Rente genau 45 Entgeltpunkte erworben hat.

45 oder noch mehr Jahre ohne Unterbrechung Vollzeit erwerbstätig zu sein, dürfte in Zukunft mehr und mehr zur Ausnahme werden und weniger die Regel sein. Die Digitalisierung erfordert und ermöglicht längere Auszeiten, um sich neu zu orientieren, weiterzubilden, Burnouts vorzubeugen, für die Familie da zu sein und sich vom Stress des Berufslebens erholen zu können.

Kaum mehr jemand wird die 45, 47 oder auch schon in die Diskussion eingebrachten 49 Beitragsjahre schaffen, die dem Standardrentner entsprechen. Das gilt vor allem für Beschäftigte, die vergleichsweise einfache Tätigkeiten mit geringen Qualifikationsniveaus erledigen. Sie werden durch die Digitalisierung in besonderer Weise zu Anpassung, Veränderung, Arbeitszeitverkürzung und (un)gewollten Auszeiten gezwungen werden. Es wirkt widersprüchlich, von den gering Qualifizierten eine längere Lebensarbeitszeit einzufordern, wenn gleichzeitig gerade für dieses Segment des Arbeitsmarktes die Digitalisierung die stärksten Umwälzungen hervorruft und eine Vielzahl von standardisierten und repetitiven Tätigkeiten verschwinden wird.

Natürlich ist es richtig, dass der deutsche Sozialstaat von heute auch seine Stärken hat. Aber gut ist eben nicht gut genug. Einiges muss besser werden. Die größten Schwächen des heutigen Systems liegen darin, dass es auf einem Modell der ungebrochenen lebenslangen Erwerbstätigkeit beruht, die es in der Realität so kaum mehr geben wird. Arbeit wird immer weniger das Maß aller Dinge sein, und weniger denn je wird, nur wer arbeitet, jemand sein, der sozialpolitischer Unterstützung bedarf.

Ungerecht ist zudem, dass Selbstständige, Freiberufler, Beamte und Abgeordnete heutzutage von der solidarischen Finanzierungspflicht ausgenommen sind. Alle Einkunftsarten – auch Zinsen, Dividenden, Miet- oder Pachterlöse und ausgeschüttete Gewinne – sollten ohne Ausnahmen einbezogen werden. Die willkürlich festgesetzten Beitragsbemessungsgrenzen müssten abgeschafft werden.

Der Hinweis auf das Äquivalenzprinzip und damit darauf, dass mit einer Verbreiterung der Basis auch die Ansprüche steigen, verfängt nicht. Denn natürlich steckt in Sozialversicherungen ein soziales Umverteilungselement. Wäre dem nicht so, wären sie nur Versicherungen ohne soziale Komponente. Aber es gibt eben versicherungsfremde Leistungen. Und die Solidargruppe der Versicherten betrifft nur eine Teilmenge der Bevölkerung. Warum aber sollen nur ein Teil der Bevölkerung (die Sozialversicherungspflichtigen), nicht aber alle in die Solidarpflicht genommen werden?

Ein Sozialstaat, der auf demografischen, gesellschaftlichen und wirtschaftlichen Voraussetzungen der Vergangenheit gebaut ist, wird den Erwartungen kommender Generationen nicht gerecht werden können. Eine Reparatur des Bestehenden wird nicht genügen. Zu fundamental sind die Veränderungen. Alterung, Digitalisierung, Individualisierung und Wertewandel erzwingen einen Neubau des Sozialstaates. Diese Forderung verlangt aber in keiner Weise, mit allen historischen Erfahrungen und kulturell geprägten Vorstellungen über das Wesen der deutschen Sozialstaatlichkeit zu brechen. Im Gegenteil. Das in der Nachkriegszeit mit dem Wirtschaftswunder und dem Wiederaufstieg Deutschlands zum ökonomischen Zentrum Europas untrennbar verbundene Konzept der sozialen Marktwirtschaft weist dem Sozialstaat der Zukunft eine gangbare Richtung.

Die soziale Marktwirtschaft folgt einem einfachen Grundsatz. Sie will, in den Worten Alfred Müller-Armacks – eines ihrer intellektuellen Gründungsväter –, »in sozialer Irenik«, also in harmonischer Versöhnung, einen nur scheinbaren Gegensatz zwischen liberalen und sozialen Weltanschauungen auflösen.[105] Freiheit und soziale Gerechtigkeit, marktwirtschaftliche Effizienz und sozialer Ausgleich schließen sich nicht aus. Sie bedingen sich gegenseitig.

Der an sich triviale und gerade deshalb so wirkungsmächtige Grundgedanke der sozialen Marktwirtschaft liegt in der Trennung von Markt und Umverteilung. »Sinn der Sozialen Marktwirtschaft ist es, das Prinzip der Freiheit auf dem Markte mit dem des sozialen Ausgleichs zu verbinden«, schreibt Alfred Müller-Armack 1956.[106] Eine auf dem Leistungsprinzip und Wettbewerb basierende freie Marktwirtschaft soll demgemäß erstens einmal jenen möglichst großen Mehrwert schaffen, der dann zweitens die Grundlage des Sozialen bildet, also die finanzielle Voraussetzung für eine Umverteilung von ökonomisch Stärkeren zu Schwächeren.

Während das Ausmaß der Umverteilung eine politisch zu führende Diskussion verlangt, vermag die ökonomische Analyse überzeugend nachzuweisen, dass eine »blinde« Sozialpolitik, die nichts mehr und nichts weniger will, als wirtschaftlich Leistungsschwachen gezielt zu helfen, am effektivsten, effizientesten und damit auch am gerechtesten wirkt.[107] Direkte Unterstützungszahlungen an tatsächlich wirtschaftlich Schwache wirken zielgenauer, billiger und wirkungsvoller als indirekte Maßnahmen, die irgendein spezifisches Kriterium als Bedingung verlangen, also beispielsweise eine Erwerbstätigkeit, das Erreichen einer Altersgrenze oder eine bestimmte Verhaltensweise voraussetzen.

Es gehört zur Tragik einer falsch verstandenen Sozialpolitik, dass sie ein an sich vernünftiges Ziel mit völlig untauglichen Mitteln zu erreichen versucht. Sozialpolitisch motivierte Eingriffe in Märkte sind unzweckmäßig, ungenau und bewirken vielfach das Gegenteil dessen, was erreicht werden sollte. Sie führen zu unnötigen Doppelstrukturen und einer kostspieligen Bürokratie. Auch wirtschaftlich Starke kommen in den Genuss staatlicher Hilfe. Dieses Geld fehlt dann, um wirtschaftlich wirklich Schwache noch besser unterstützen zu können. Heute finanzieren gesunde Arme kranke Besserverdienende oder subventionieren Arbeiterfamilien das Hochschulstudium von Professorenkindern. Das widerspricht jeder Definition von Gerechtigkeit.

Dabei sind weder Intransparenz noch Ineffizienz notwendig! Sozialpolitische Maßnahmen lassen sich sehr wohl in Umverteilungs- und Versicherungsinstrumente teilen. Notwendig dazu wäre eine klare Trennung zwischen Entstehung (Allokation) und Verteilung (Distribution) von (Markt-)Einkommen. Genau diese Trennungsabsicht ist nicht nur für die soziale Marktwirtschaft wegleitend. Sie ist auch der Kern eines bedingungslosen Grundeinkommens.

Die Lösung:
Das bedingungslose Grund-
einkommen

Ein Sozialstaat für das 21. Jahrhundert hat der durch Alterung, Individualisierung, Digitalisierung und Wandel des Arbeitsethos geprägten demografischen, gesellschaftlichen, ökonomischen und ideologischen Lebenswirklichkeit der Zukunft Rechnung zu tragen. Demzufolge muss er sich von folgenden Faktoren leiten lassen:

- Menschen leben länger und bleiben lange aktiv und gesund. Eine für alle gültige Abgrenzung verschiedener Lebensphasen ist weder machbar noch entspricht sie der Realität. Deshalb wird ein allgemeines Renteneintrittsalter zum inhaltslosen Kriterium. Es kann abgeschafft werden. Menschen können, wollen und sollen so lange aktiv sein, wie es ihre Lebensplanung vorsieht und es Energie sowie Gesundheit erlauben.

- Die klassische Familie wird teils ergänzt, teils ersetzt durch neue Formen des Zusammenlebens, die oft nur temporär in bestimmten Lebensphasen gepflegt und danach wieder an geänderte Verhaltensweisen angepasst werden. Deshalb muss sich der Sozialstaat an einzelnen Personen und deren Lebens(ver)läufen und nicht an alten Familienbildern oder Rollenverteilungen orientieren.

- In der Arbeitswelt der Zukunft werden lebenslange Erwerbsbiografien zur Ausnahmeerscheinung und ein stetiger Wechsel zwischen Arbeit, Weiter- und Fortbildung sowie Frei- und Familienzeit die Regel sein. Die soziale Sicherung muss gerade dieser – aus früherer Sicht als atypisch bewerteten, in Zukunft aber zum Normalfall werdenden – Nichtlinearität Rechnung tragen.

- Die Digitalisierung wird die Wertschöpfung noch einmal kapitalintensiver werden lassen und menschliche Arbeit nicht nur durch Maschinen aller Art, sondern auch durch Automaten mit künstlicher Intelligenz und das Internet der Dinge ersetzen. Diesem Wandel muss die Finanzierungsseite des Sozialstaates gerecht werden. Die sozialen Sicherungssysteme müssen auf eine viel breitere Steuerbasis als heute gestellt werden und alle Einkommensarten gleichermaßen einbeziehen. Sie müssen auch die Wertschöpfung der Roboter besteuern. Am besten dürfte diese Forderung in dem Moment realisiert werden, wenn die Wertschöpfung, also das, was durch Verarbeitung, Veredelung oder durch eine Dienstleistung während des Produktionsprozesses an Wert mehr geschaffen wurde, an die Produktionsfaktoren, also an Arbeit und Kapital, ausgeschüttet wird. Dann sollten Löhne und eben auch die Gewinnausschüttung an die Aktionäre als Eigentümer der Roboter und der übrigen Kapitalgüter – wie Anlagen und Maschinen – besteuert werden.

▪ Auf der Ausgabenseite müsste der Sozialstaat weniger danach streben, Notsituationen der Erwerbslosigkeit zu überbrücken. Vielmehr sollten sozialpolitische Maßnahmen darauf ausgerichtet sein, Menschen dauerhaft zu ermächtigen, erwerbsfähig zu bleiben.

Kein anderes Sozialstaatskonzept vermag den Anforderungen des 21. Jahrhunderts besser zu genügen als ein bedingungsloses Grundeinkommen. Es soll nun im Einzelnen vorgestellt werden.

6. Wie das Grundeinkommen funktioniert

Um die Funktionsweise eines bedingungslosen Grundeinkommens erkennen und seine Folgewirkungen nachvollziehen zu können, werden nun seine Leistungs- und Finanzierungsseite zunächst allgemein qualitativ und danach ganz konkret an Beispielrechnungen quantitativ erläutert.

Eckpfeiler eines idealtypischen Modells des bedingungslosen Grundeinkommenskonzepts sind:

- Der Staat lässt allen Staatsangehörigen vom Säugling bis zum Greis lebenslang Monat für Monat eine in Höhe des soziokulturellen Existenzminimums liegende Transferzahlung zukommen, die aus dem allgemeinen Staatshaushalt über Steuern finanziert wird. Wie heute auch wird die Höhe des soziokulturellen Existenzminimums von der Bundesregierung periodisch festgelegt.[108] Dabei gilt für die Finanzierung der einfache Zusammenhang: Hohe Grundeinkommen bedingen hohe

Steuersätze, niedrige Grundeinkommen ermöglichen tiefe Steuersätze.

- Das Grundeinkommen wird ohne Bedingung, ohne Gegenleistung, ohne Antrag und damit ohne bürokratischen Aufwand als sozialpolitischer Universaltransfer an alle in gleicher Höhe monatlich ausbezahlt.[109] Natürlich kann – wenn politisch gewünscht – für Kinder ein verringerter Betrag ausbezahlt werden, wenn Politik und Bevölkerung die Meinung vertreten sollten, dass Kinder als Mitbewohner in einem Familienhaushalt geringere Alltagskosten zu decken haben als Erwachsene.[110]

- Es gibt keine Unterscheidung mehr zwischen Erwerbstätigen und Erwerbslosen. Und ebenso wird nicht mehr zwischen selbstständiger und unselbstständiger Beschäftigung differenziert.

- In das Grundeinkommenssystem werden alle deutschen Staatsangehörigen von Geburt bis ans Lebensende einbezogen. Im Ausland lebende deutsche Staatsangehörige behalten ihren vollen Anspruch unbesehen des neuen Wohnsitzlandes.

- Mit einer Warteregelung kann auf ganz einfache Weise ein »Sozialtourismus« verhindert werden. Wer als Ausländer(in) nach Deutschland einwandert, erhält nicht sogleich, sondern erst nach einer längeren Wartezeit und sukzessive in Abhängigkeit der legalen Aufenthaltsdauer in Deutschland das volle Grundeinkommen.[111] Damit kann der Gesetzgeber einem Missbrauch oder sozial ungewollten Mitnahmeeffekten einen wirkungsmächtigen Riegel vorschieben. Beispielsweise könnte für Personen mit ausländischer Staatsangehörigkeit zunächst für die ersten fünf oder zehn Jahre eine soziale Absicherung entsprechend den sozialpolitischen Regelungen im Herkunftsland der Zugewanderten gelten. Erst danach und sukzessive über eine Aufenthaltsdauer von weiteren fünf oder zehn Jahren entstehen dann Ansprüche an das deutsche Grundeinkommen.[112]

■ Das Grundeinkommen erhalten alle steuerfrei – unabhängig von eigenem Einkommen. Zusätzliches Einkommen aller Art (also inklusive aller Kapitalertragseinkommen wie Zinsen, Dividenden oder ausgeschüttete Gewinne sowie Mieten, Tantiemen und Lizenzeinnahmen oder Erträge aus intellektuellem Einkommen wie Marken-, Vermarktungs- oder Buchrechte) wird an der Quelle erfasst und vom ersten bis zum letzten Euro mit einem einheitlichen und für alle Einkommen gleichbleibenden Steuersatz belastet.[113] Die Quellensteuer ermöglicht, alle ausgeschütteten Gewinne als Steuerbasis zu erfassen, also auch diejenigen, die an im Ausland lebende Eigentümer fließen.

- Es gibt keine Steuerfreibeträge. Denn das Grundeinkommen ist bereits ein Freibetrag, den – und das ist der Unterschied zu heute – alle in vollem Umfange geltend machen können und nicht nur (wie derzeit), wer steuerpflichtig ist (also arbeitet oder ein Einkommen erwirtschaftet).

- Werbungskosten – also Kosten, die für Personen mit dem Wertschöpfungsprozess verbunden sind – müssen gegenüber dem Arbeitgeber oder dem Auftraggeber und somit an der Quelle der Wertschöpfung direkt als »Spesen« geltend gemacht werden. Sie sind letztlich immer Aufwendungen, die eine Folge des Einkommenserwerbs sind. Also sind weder der Staat noch das Finanzamt involviert. Somit bedarf es auch keiner staatlichen Einmischung oder steuerlichen Kompensation. Im Klartext: Werbungskosten werden als Spesen behandelt und entfallen als steuerlicher Abzugsgrund komplett. Das gesamte Einkommen wird als verfügbares Bruttoeinkommen behandelt und vollumfänglich und ohne Abzug an der Quelle besteuert.[114]

- Das Grundeinkommen ersetzt alle steuer- und abgabenfinanzierten Sozialleistungen: Es gibt weder gesetzliche Renten- und Arbeitslosenversicherung noch Arbeitslosengeld, Sozialhilfe, Wohn- oder Kindergeld.[115]

- Die heute zu leistenden Beiträge an die Sozialversicherungen entfallen vollständig. Es gibt keine auf Löhne erhobenen Abgaben an die sozialen Sicherungssysteme (also Renten-, Kranken-, Pflege- und Arbeitslosenversicherungsbeiträge) mehr. Die Sozialversicherungen werden abgeschafft.

- Lohnfortzahlung im Krankheitsfall, Urlaubsgeld und ähnliche durch die Tarifpartner oder vertragliche Regeln zwischen Arbeitgebern und -nehmern vereinbarte Zusagen werden durch das Grundeinkommen nicht berührt. Sie bleiben weiterhin bestehen.

- Für Kranken- und Unfallversicherung gibt es entweder eine Grundversicherungspflicht. Dann gehört der notwendige Beitrag für eine Grundversicherung zum Existenzminimum und ist damit in die politische Festlegung des Grundeinkommens einzubeziehen (das heißt, das Grundeinkommen muss dann entsprechend erhöht werden). Oder aber der Staat vergibt an alle staatliche Versicherungsgutscheine, die bei jeder Kranken- bzw. Unfallversicherung für eine Grundversicherung eingelöst werden können. Dann müssten für die Grundversicherung ein Diskriminierungsverbot (niemand darf von einem Vertrag ausgeschlossen werden) und ein Kontrahierungszwang (alle haben Anrecht auf einen Vertrag) gelten. Oder aber das Grundeinkommen wird durch ein staatliches Gesundheitswesen ergänzt, bei dem eine – wie weit auch immer reichende – medizinische Grundversorgung für alle kostenlos angeboten wird.

Ein paar Beispiele

Im Folgenden soll nun anhand verschiedener Einkommenshöhen beispielhaft aufgezeigt werden, wie sich ein Grundeinkommen quantitativ auswirkt. Ganz allgemein gelten dabei folgende Formeln zur Berechnung von Bruttoeinkommen (BE), Nettoeinkommen (NE) sowie Bruttosteuern (BS) und Nettosteuern (NS), wobei ein für alle gleich hohes bedingungsloses Grundeinkommen (BGE) ausbezahlt und Einkommen mit einem für alle Einkommensarten gleich bleibenden Bruttosteuersatz s (in Prozent ausgedrückt und deshalb mit Kleinbuchstaben dargestellt) besteuert werden:

Bruttosteuer (BS) = t × Bruttoeinkommen (BE)

Nettosteuer = Bruttosteuer (BS) – Grundeinkommen (BGE) = (t × BE) – BGE

Nettoeinkommen = Bruttoeinkommen – Nettosteuer = BE – [(t × BE) – BGE] = (1 – t) × BE + BGE

Wird nun beispielhaft angenommen, dass an alle (unabhängig von den durch eigene Anstrengungen erwirtschafteten Einkommen) ein Grundeinkommen von 1000 Euro im Monat oder 12.000 Euro pro Jahr ausbezahlt und ein direkter Bruttosteuersatz (t) für alle Einkommensarten von 50 % (Flat Tax) an der Quelle erhoben wird, zeigt sich in Abbildung 1 folgender Verlauf des Nettoeinkommens (NE) für unterschiedliche Bruttoeinkommen (BE) von jährlich 0 Euro bis 48.000 Euro.

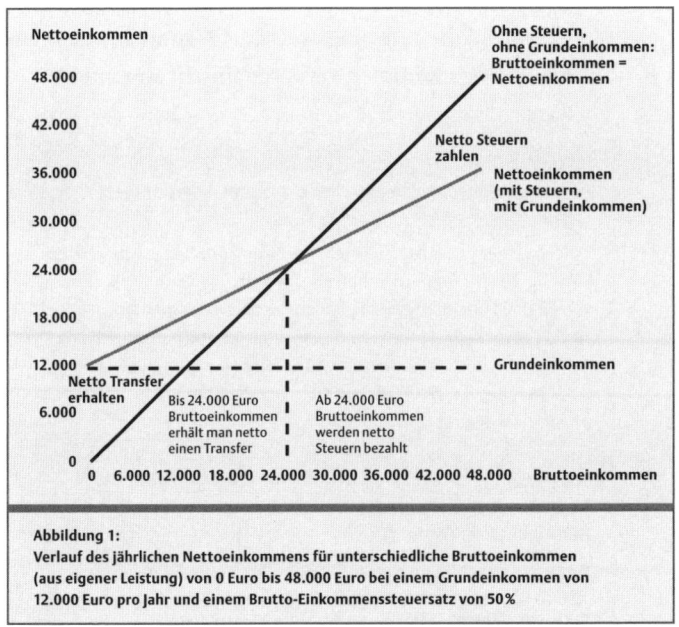

Abbildung 1:
Verlauf des jährlichen Nettoeinkommens für unterschiedliche Bruttoeinkommen (aus eigener Leistung) von 0 Euro bis 48.000 Euro bei einem Grundeinkommen von 12.000 Euro pro Jahr und einem Brutto-Einkommenssteuersatz von 50 %

Unter den getroffenen Annahmen (Grundeinkommen jährlich 12.000 Euro, direkter Steuersatz 50 %) bildet das Bruttoeinkommen von 24.000 Euro die Grenze, welche die Bevölkerung in Nettosteuerzahlende und Nettotransferempfänger teilt. Wer weniger verdient, erhält vom Staat netto Geld. Wer mehr verdient, zahlt netto Geld an den Staat.

Um den Mechanismus zwischen Brutto- und Nettoeinkommen noch besser verstehen und insbesondere auch erkennen zu können, wie hoch die Nettosteuerbelastung (NS) tatsächlich ausfällt, soll nun an ein paar konkreten Beispielen die Wirkungsweise des Grundeinkommens auf das Nettoeinkommen veranschaulicht werden.

Beispiel 1:
Arbeitslose Person ohne jegliches Einkommen durch eigene Leistung

Wer aus eigener Leistung gar kein Bruttoeinkommen erwirtschaftet, zahlt auch keine Steuern, erhält aber pro Jahr ein Grundeinkommen von 12.000 Euro. Somit beträgt auch das Nettoeinkommen 12.000 Euro. Keine Steuern zu zahlen, aber 12.000 Euro zu erhalten, bedeutet, dass diese Person einen Nettotransfer (Geschenk) vom Staat in Höhe von 12.000 Euro erhält, mit dem das Existenzminimum finanziert werden kann.

Beispiel 2:
Aushilfe mit einem jährlichen Einkommen durch eigene Leistung in Höhe von 12.000 Euro

Wer aus eigener Leistung ein jährliches Bruttoeinkommen von 12.000 Euro erwirtschaftet, zahlt (bei einem Einkommensteuersatz von 50 %) 6000 Euro Steuern. Damit schmilzt das Nettoeinkommen vorerst auf 6000 Euro (12.000 Euro Bruttoeinkommen minus 6000 Euro Steuern). Die Person erhält aber gleichzeitig (wie alle anderen auch) pro Jahr ein Grundeinkommen von 12.000 Euro. Somit ist das tatsächliche Nettoeinkommen 18.000 Euro. Nämlich 6000 Euro, die vom eigenerwirtschafteten Einkommen nach der Steuerzahlung verbleiben, plus die 12.000 Euro Grundeinkommen. Insgesamt erhält diese Person einen Nettotransfer (Geschenk) vom Staat in Höhe von 6000 Euro. Sie hat nämlich 6000 Euro Steuern bezahlt, aber 12.000 Euro Grundeinkommen erhalten, was im Saldo eben ein Geschenk in Höhe von 6000 Euro bedeutet.

Beispiel 3:
Wachdienst mit einem jährlichen Einkommen durch eigene Leistung in Höhe von 24.000 Euro

Wer aus eigener Leistung ein jährliches Bruttoeinkommen von 24.000 Euro erwirtschaftet, zahlt (bei einem Einkommensteuersatz von 50 %) 12.000 Euro Steuern. Damit schmilzt das Nettoeinkommen vorerst auf 12.000 Euro (24.000 Euro Bruttoeinkommen minus 12.000 Euro Steuern). Die Person erhält aber gleichzeitig (wie alle anderen auch) pro Jahr ein Grundeinkommen von 12.000 Euro. Somit ist das tatsächliche Nettoeinkommen 24.000 Euro. Nämlich 12.000 Euro, die vom eigenerwirtschafteten Einkommen nach der Steuerzahlung verbleiben, plus die 12.000 Euro Grundeinkommen. Insgesamt zahlt diese Person weder Steuern noch erhält sie einen Nettotransfer (Geschenk) vom Staat. Sie hat nämlich 12.000 Euro Steuern bezahlt, aber auch gerade 12.000 Euro Grundeinkommen erhalten, was einen Saldo von null ergibt.

Beispiel 4:
Bankangestellte mit einem jährlichen Einkommen durch eigene Leistung in Höhe von 48.000 Euro

Wer aus eigener Leistung ein jährliches Bruttoeinkommen von 48.000 Euro erwirtschaftet, zahlt (bei einem Einkommensteuersatz von 50 %) 24.000 Euro Steuern. Damit schmilzt das Nettoeinkommen vorerst auf 24.000 Euro (48.000 Euro Bruttoeinkommen minus 24.000 Euro Steuern). Die Person erhält aber gleichzeitig (wie alle anderen auch) pro Jahr ein Grundeinkommen von 12.000 Euro.

Somit ist das tatsächliche Nettoeinkommen 36.000 Euro. Nämlich 24.000 Euro, die vom eigenerwirtschafteten Einkommen nach der Steuerzahlung verbleiben, plus die 12.000 Euro Grundeinkommen. Insgesamt zahlt diese Person Steuern in Höhe von 12.000 Euro.
Sie hat nämlich 24.000 Euro Steuern bezahlt, aber nur 12.000 Euro Grundeinkommen erhalten, was in der Endabrechnung eine Netto-steuerbelastung in Höhe von 12.000 Euro ergibt.

Beispiel 5:
Ingenieur mit einem jährlichen Einkommen durch eigene Leistung in Höhe von 96.000 Euro

Wer aus eigener Leistung ein jährliches Bruttoeinkommen von 96.000 Euro erwirtschaftet, zahlt (bei einem Einkommensteuersatz von 50 %) 48.000 Euro Steuern. Damit schmilzt das Nettoeinkom-men vorerst auf 48.000 Euro (96.000 Euro Bruttoeinkommen minus 48.000 Euro Steuern). Die Person erhält aber gleichzeitig (wie alle anderen auch) pro Jahr ein Grundeinkommen von 12.000 Euro.
Somit ist das tatsächliche Nettoeinkommen 60.000 Euro. Nämlich 48.000 Euro, die vom eigenerwirtschafteten Einkommen nach der Steuerzahlung verbleiben, plus die 12.000 Euro Grundeinkommen. Insgesamt zahlt diese Person Steuern in Höhe von 36.000 Euro.
Sie hat nämlich 48.000 Euro Steuern bezahlt, aber nur 12.000 Euro Grundeinkommen erhalten, was in der Endabrechnung eine Netto-steuerbelastung in Höhe von 36.000 Euro ergibt.

Vergleicht man aus den Beispielberechnungen den Verlauf von Brutto- und Nettoeinkommen, ergibt sich ein Bild wie in Abbildung 2.

Es zeigt sich, dass bei einem jährlichen Grundeinkommen von 12.000 Euro alle, die pro Jahr weniger als 24.000 Euro Einkommen aus eigener Leistung erzielen, vom Staat einen mit zunehmendem eigenerwirtschafteten Bruttoeinkommen gegen null abschmelzenden Netto-

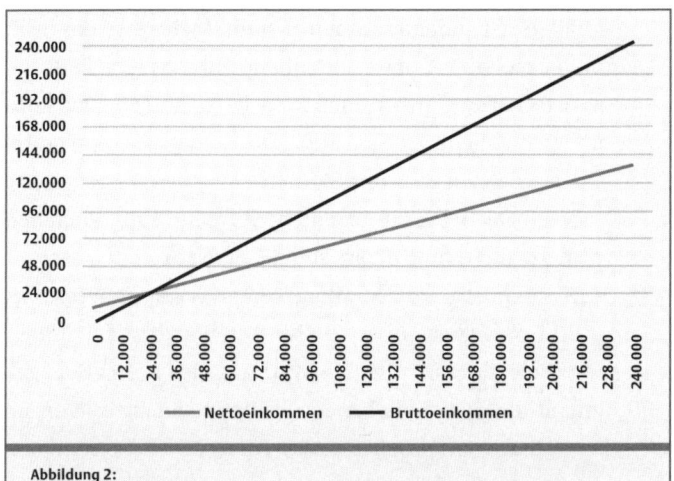

Abbildung 2:
Verlauf des jährlichen Nettoeinkommens für unterschiedliche Bruttoeinkommen (aus eigener Leistung) von 0 Euro bis 240.000 Euro bei einem Grundeinkommen von 12.000 Euro pro Jahr und einem Bruttoeinkommenssteuersatz von 50%

transfer – im Maximalfall von 12.000 Euro (bei einem Bruttoeinkommen von Null) – erhalten. Alle anderen, also alle mit einem jährlichen Bruttoeinkommen von mehr als 24.000 Euro, zahlen netto Steuern.

Es ist also nichts anderes als eine Mär, dass bei einem bedingungslosen Grundeinkommen niemand mehr Steuern bezahlen würde. Die Mehrheit der Bevölkerung (nämlich im Beispielfall mit einem Grundeinkommen von 12.000 Euro alle mit einem jährlichen Bruttoeinkommen von mehr als 24.000 Euro) würde – wie das auch heutzutage der Fall ist – Steuern bezahlen, und zwar netto, das heißt, sie zahlen einen Steuerbetrag, der höher als das erhaltene Grundeinkommen ausfällt. Richtig ist, dass sich im Beispielfall für unterschiedliche durch eigene Leistung erwirtschaftete Einkommen zwischen 0 und 600.000 Euro unterschiedliche Brutto- und Nettosteuerbelastungen ergeben, wie Tabelle 1 verdeutlicht.

Es zeigt sich: Wer brutto mehr verdient, zahlt auch netto mehr Steuern. Zudem steigt der Nettosteuersatz mit zunehmendem Bruttoeinkommen an – der Steuersatz ist mithin progressiv. Aber der Nettosteuersatz liegt immer unterhalb des für alle Einkommen gleichermaßen geltenden und gleichbleibenden Bruttosteuersatzes (von im Beispiel angenommenen 50 %). Für große Bruttoeinkommen nähert sich der Nettosteuersatz dem Bruttosteuersatz.

Die Stärken: Transparenz und Einfachheit

Eine fundamentale Stärke des Konzepts eines bedingungslos gewährten Grundeinkommens liegt in der Transparenz und der Einfachheit des Verfahrens. Das bedingungslose Grundeinkommen ist ein Steuersystem, das auf einem Bierdeckel erklärt werden kann. Da es nur einen einheitlichen und gleichbleibenden Bruttosteuersatz für alle Einkommensarten gibt, können vom ersten bis zum letzten Einkommenseuro die Steuerzahlungen an der Quelle – also dort, wo sie entstehen – direkt an das Finanzamt ab-

Tabelle 1:
Brutto- und Nettoeinkommen, Brutto- und Nettosteuerschuld sowie Nettosteuersatz für verschiedene jährliche Einkommenshöhen bei einem Grundeinkommen von 1000 Euro pro Monat (bzw. 12.000 Euro pro Jahr) und einem Bruttosteuersatz von 50 % auf alle Einkommensarten

Brutto-einkommen	0	24.000	48.000	72.000	96.000	120.000	240.000	360.000	480.000	600.000
Brutto-steuerschuld	0	12.000	24.000	36.000	48.000	60.000	120.000	180.000	240.000	300.000
Netto-steuerschuld	-12.000	0	12.000	24.000	36.000	48.000	108.000	168.000	228.000	288.000
Netto-steuersatz		0 %	25 %	33 %	38 %	40 %	45 %	47 %	48 %	48 %
Netto-einkommen	12.000	24.000	36.000	48.000	60.000	72.000	132.000	192.000	252.000	312.000

Grundeinkommen für alle Bruttoeinkommen identisch: 1000 Euro pro Monat bzw. 12.000 Euro pro Jahr
Direkter Bruttosteuersatz für alle Einkommensarten 50 % (Flat-Tax) an der Quelle erhoben
Bruttosteuerschuld = 0,5 * Bruttoeinkommen
Nettosteuerschuld = Bruttosteuerschuld minus Grundeinkommen
Nettosteuersatz = Nettosteuerschuld in Prozent des Bruttoeinkommens
Nettoeinkommen = Bruttoeinkommen minus Nettosteuerschuld

geführt werden. Eine Steuererklärung entfällt.[116] Genauso überflüssig werden bürokratische Ermittlungs- und Kontrollverfahren bei der (Über)Prüfung, ob staatliche Hilfe gerechtfertigterweise fließt. Das gilt auch für die – oft von den Betroffenen als unwürdig empfundene – Feststellung, ob jemand mit anderen in einer Bedarfsgemeinschaft lebt oder nicht.

Transparenz und Einfachheit des bedingungslosen Grundeinkommens erhöhen die Akzeptanz und verringern Anreize zu Steuerumgehung und -hinterziehung.[117] Da es keine Bemessungsgrenzen für die Sozialversicherungspflicht und auch keine Unterscheidung zwischen Angestellten und Selbstständigen mehr gibt, entfallen die Vorteile einer Scheinselbstständigkeit.

Noch wichtiger: Da jeder Euro aus eigenerwirtschaftetem Einkommen gleich behandelt wird, verschwinden die immensen Grenzsteuerbelastungen, die heutzutage den Wechsel von Sozialhilfe in eine sozialversicherungspflichtige Beschäftigung unattraktiv werden lassen. Der Grund hierfür liegt darin, dass die Sozialversicherungspflicht keinen progressiv ansteigenden, sondern nur einen einheitlichen Abgabesatz kennt. Vielfach ergeben sich dadurch im heutigen System »Eigernordwand-Phänomene« der Grenzbesteuerung.[118] Da in der Regel mit dem Entgelt für eigene Arbeit staatliche Hilfe entfällt, aber vom ersten verdienten Euro an die Sozialversicherungsabgaben in vollem Umfange anfallen, bleibt netto oft ein unfassbar geringer zusätzlicher Betrag in der Haushaltskasse übrig.

Ein Arbeitsloser erhält als Folge einer Erwerbsaufnahme weniger staatliche Hilfe. Gleichzeitig hat er auf das nun durch eigene Anstrengung erwirtschaftete Einkommen Sozialabgaben und Steuern zu leisten. Transferentzug auf der einen und Beiträge an die Sozialversicherungen und Steuern auf der anderen Seite können gemeinsam zu einem Grenzsteuersatz von 80 bis 90 % führen.[119] Beim Grundeinkommen bleibt der Grenzsteuersatz vom ersten bis zum letzten selbst erwirtschafteten Euro konstant (nämlich in den oben dargestellten Beispielen bei 50 %).[120]

Die heutige Sozialversicherungspflicht kann zum Anreiztöter für die Wiederaufnahme einer Erwerbstätigkeit werden, wenn jemand nach einer Phase der Arbeitslosigkeit oder der staatlichen Unterstützung in Form der Sozialhilfe in ein Beschäftigungsverhältnis zurückkehren möchte. Überspitzt formuliert wird mit dem heutigen System Arbeitslosigkeit staatlich subventioniert und die Arbeitsaufnahme bestraft. Das bedingungslose Grundeinkommen dreht hier die Anreize um. Das Grundeinkommen entkoppelt die Existenzsicherung von der Erwerbsarbeit. Es schafft somit unbedingte soziale Sicherheit in allen Lebenslagen. Staatliche Hilfe wird vom Status der Nicht-Erwerbstätigkeit komplett abgetrennt. Sie erfolgt unabhängig davon. Wer arbeitet, verbessert seine Einkommenssituation vom ersten Euro an. Der Grenzwertsteuersatz verbleibt vom ersten bis zum letzten Euro konstant beim gleichbleibenden Einkommensteuersatz. Das »Eigernordwand-Phänomen« verschwindet komplett.

Die Schwierigkeit, wie mit Zinsen, Kapitalerträgen, ausgeschütteten Gewinnen und Dividenden umzugehen ist, entfällt bei einem bedingungslosen Grundeinkommen. Es gibt keine Halbeinkünfte- oder Teileinkünfteverfahren mehr, sondern nur noch den allgemeinen pauschalen Einkommensteuersatz, der für alle Einkommen gleichermaßen und in identischer Höhe zur Anwendung kommt. Anders ausgedrückt: Solange Gewinne thesauriert werden, also in den Unternehmen verbleiben, sind sie für die Einkommensteuer irrelevant. Erst wenn sie an Privatpersonen ausgeschüttet werden, werden sie wie alle anderen Einkommensarten gleichbehandelt und gleich besteuert.

Das Grundeinkommen ist liberal

Das bedingungslose Grundeinkommen ist nicht nur radikal gerecht, einfach und transparent. Es ist zugleich ein zutiefst liberales wie auch egalitäres und individualistisches Konzept:

- Es ist liberal, weil es an staatliche Hilfe keine paternalistischen Vorbedingungen knüpft. Es wird bedingungslos allen, unbesehen persönlicher Verhaltensweisen und Eigenschaften, Lebens- oder Familienformen, gewährt. Niemand überprüft, ob es gute oder schlechte Gründe für eine Unterstützung gibt. Niemand koppelt staatliche Hilfen an bestimmte Vorbedingungen.

- Es ist egalitär, weil es alle gleich und in gleicher Weise behandelt. Unabhängig von Alter, Geschlecht, Familienstand, Beruf, Qualifikationen und Kenntnissen oder Wohnort erhalten alle das soziokulturelle Existenzminimum vom Staat garantiert – nicht mehr und nicht weniger.

- Es ist individualistisch, weil es dem sozioökonomischen Wandel Rechnung trägt. Es bricht mit der Illusion traditioneller Familienformen und einer lebenslang ungebrochenen Erwerbsbiografie. Unterstützt werden alle, unabhängig davon, ob sie erwerbstätig, selbstständig, mit oder ohne Beschäftigung sind oder ob sie in einer traditionellen Familie, einer Patchworkbeziehung oder als alleinerziehender Elternteil leben oder Beruf, Wohnsitz oder Lebensabschnittspartner(innen) wechseln. Das Problem der oft schwierigen und gelegentlich gar willkürlichen Definition von Bedarfsgemeinschaften und der gegenseitigen Anrechenbarkeit von Einkommen oder Vermögen stellt sich beim Grundeinkommen nicht. Ebenso entbehrlich ist ein kostenintensiver Kontrollaufwand. Niemand muss mehr zur Rechtfertigung einer staatlichen Unterstützung überprüfen, wer mit wem in welcher persönlichen Beziehung steht.

Trotzdem und gerade deswegen ist das Grundeinkommen ein sehr zielgenaues sozialpolitisches Konzept. Alle, die Hilfe benötigen, werden auf jeden Fall unterstützt. Niemand bleibt ohne Hilfe, niemand fällt unterhalb des Existenzminimums.

7. Warum ein Grundeinkommen notwendig ist

Ein bedingungsloses Grundeinkommen orientiert sich mehr als jedes andere Sozialstaatsmodell an der heutigen und künftig zu erwartenden Lebenswirklichkeit des 21. Jahrhunderts. Es ist eine konsequente Antwort auf die durch demografische Alterung, Individualisierung, Digitalisierung und einem Wandel des Arbeitsethos erzeugten sozialpolitischen Herausforderungen. Es löst sich

a. komplett von paternalistischen Forderungen nach einem bestimmten Verhalten, das von der Gesellschaft präferiert und deshalb vom Staat belohnt wird.[121] Noch einmal: Weniger denn je wird es in Zukunft einen für alle typischen Standardfall geben, der für alle Orientierung bietet und Verhalten normiert. Mehr denn je ist damit auch jegliche Form des Paternalismus anachronistisch. Wer weiß schon, wie der Normalfall von morgen aussehen wird? Das bedingungslose Grundeinkommen nimmt den Menschen, wie er ist, und will ihn nicht in eine Norm zwingen. Deshalb wird das Grundeinkommen *bedingungslos* gewährt; es löst sich

b. vom Prinzip des »Eckrentners«, der als Durchschnittsverdiener über 45 versicherungspflichtige Beschäftigungsjahre für seine Rente genau 45 Entgeltpunkte erworben hat, dann zu einem für alle gleichermaßen gesetzlich festgelegten Renteneintrittsalter in den Ruhestand wechselt. Weder gibt es den »Eckrentner« noch ist eine ununterbrochene 45-jährige Beschäftigung die Regel. Deshalb braucht es auch kein allgemein gültiges Renteneintrittsalter mehr. Es kann abgeschafft und durch ein *altersunabhängiges* Konzept ersetzt werden; es löst sich

c. von der Vorstellung, dass nur wer arbeitet, der Norm entspricht, und nur wer etwas geleistet hat, sich einen Anspruch auf staatliche Hilfe »erarbeitet«. Vielmehr sollen Anpassung und Weiterbildung unterstützt, Flexibilität und Mobilität ermöglicht und eine Unabhängigkeit für neue Entscheidungen gefördert werden; deshalb wird das Grundeinkommen *ohne (Vor-)Bedingungen* ausbezahlt; es löst sich

d. von der Überzeugung, dass Sozialpolitik primär Menschen in Not beim Überleben helfen soll und dass einige Ursachen dieser Not unverschuldet, andere aber selbst verschuldet seien, wodurch die Betroffenen der

Unterstützung würdig oder eben unwürdig wären. Vielmehr steht eher *Prävention* als Nothilfe im Vordergrund. Sozialpolitik soll im Voraus ermächtigen, nicht im Nachhinein Not beheben. Eine nachlaufende Sozialpolitik sollte durch eine vorauseilende Wirtschaftspolitik ersetzt werden. Das sozialpolitische Ziel muss viel grundsätzlicher sein, nämlich Menschen zu ermutigen und in die Lage zu versetzen, ihr Schicksal selbst in die eigenen Hände zu nehmen und ungeplante Einkommensausfälle gar nicht erst entstehen zu lassen. Alle sind – unabhängig von Alter, Verhalten und Familienstand – gleichermaßen vor existenzgefährdender Armut zu schützen, um ökonomisch frei zu bleiben, jederzeit und immer wieder neu anzufangen. Deshalb muss das Existenzminimum in jedem Fall und in jedem Alter abgesichert sein – ohne Wenn und Aber oder Vorbedingung.

Weiterentwicklung der sozialen Marktwirtschaft

Das Grundeinkommen ist eine Weiterentwicklung der für Deutschland so prägenden sozialen Marktwirtschaft. Es folgt dem Grundsatz, dass wirtschaftliche Effizienz und soziale Gerechtigkeit keine Gegensätze sind. Sie lassen sich harmonisch verbinden. Mehr noch: Sie ergänzen sich. Sie sind das Yin und Yang des 21. Jahrhunderts. »Das bedingungslose Grundeinkommen vereint das Soziale mit dem Liberalen: Es ist liberal, weil es bedingungslos ist, und sozial, weil es für alle ist. Es ist für alle gleich – und ermöglicht zugleich jedem, anders zu sein.«[122]

Das bedingungslose Grundeinkommen trennt – wie die soziale Marktwirtschaft – konsequent in Entstehung und Verteilung von Einkommen. Es befreit den Arbeitsmarkt von sozialpolitischen Umverteilungsaufgaben. Aber es korrigiert die Verteilungseffekte der Einkommensentstehung. Es nimmt den Besserverdienenden etwas weg, um es jenen zu geben, die wenig(er) oder nichts verdienen.

Freiheit, Eigenverantwortung und Wettbewerb auf den Märkten sollen ermöglichen, dass das Sozialprodukt so groß wie möglich wird. Gerechtigkeit, Fairness und die Garantie der Chancengleichheit liefern gute Gründe für eine ergänzende Sozialpolitik. Sie zu erreichen und zu sichern, ist aber eine Aufgabe aller und nicht nur eine Pflicht der Erwerbstätigen. Deshalb sind Gerechtigkeits- und Verteilungsabsichten über Steuern und nicht durch Lohnabgaben der unselbstständig Beschäftigten zu finanzieren.[123]

Das bedingungslose Grundeinkommen will die Voraussetzung schaffen, dass möglichst viele Menschen möglichst viel leisten können. Wenn die Masse der Bevölkerung mit (gut) bezahlten Jobs viel Geld verdient, stehen auch mehr Mittel für die Unterstützung der wirtschaftlich Schwächeren zur Verfügung. Deshalb muss alles getan werden, was es Menschen ermöglicht, etwas zu leisten und eigenständig Einkommen zu erwirtschaften. Das bedingungslose Grundeinkommen ermächtigt Personen, unabhängig von Geschlecht, Alter und Vorbedingungen selbstverantwortlich ein Leben nach eigenen Vorstellungen, Wünschen und Normen zu führen. Nicht alle werden diese Chancen nutzen. Aber wenigstens stehen sie allen offen.

Risiko ist das eine. Absicherung das andere. Beides gehört zusammen. Wer sicher ist, dass ein Misserfolg nicht zu einem bodenlosen Fall in Not und Armut führt, wird mehr wagen. Wer weiß, dass, was immer auch geschieht, das Existenzminimum gesichert ist, wird kommende Herausforderungen eher als eine Chance denn als eine Bedrohung bewerten und rascher zu unverzichtbaren Veränderungen bereit sein.

Nur wer seine Existenz materiell abgesichert hat, ist wirklich frei, eigenständig zu handeln. Das gilt für alle Menschen und nicht nur für jene Personen, die sich gesellschaftskonform verhalten. Im Gegenteil: Oft helfen Nonkonformisten, die Welt aus anderen Augen zu sehen. Aus dem Querdenken können neue Ideen und innovative Lösungen entstehen.

Die Versicherungsökonomie kann überzeugend zeigen, dass eine individuelle Mindestsicherung positive gesamtwirtschaftliche Effekte auslöst.[124] Hierin liegt die Rechtfertigung für Pflichtversicherungen, beispielsweise einer Kfz-Haftpflichtversicherung oder einer Kranken- und Unfallversicherung. Hierin liegen aber auch gute ökonomische Gründe für eine staatliche Sozialpolitik, die dem Ziel dient, allen Staatsangehörigen das Existenzminimum zu sichern.

Ökonomisch schwache Mitglieder einer Gesellschaft sollen finanziell direkt unterstützt und durch Umverteilung in die Lage versetzt werden, ein menschenwürdiges Leben zu führen. Dabei geht es um eine Grundsicherung, nicht um eine Sicherung eines einst erreichten Lebensstandards oder gar um eine Vollkaskoversicherung für alle oder eine Ergebnisgerechtigkeit, die allen den gleichen Lebensstandard verspricht.

Genau diesen Grundsätzen folgt ein das soziokulturelle Existenzminimum absicherndes bedingungsloses Grundeinkommen. Es wird jedem Mitglied der Gesellschaft als individueller Rechtsanspruch ohne eingeforderte Gegenleistung gewährt. Es funktioniert ohne bürokratischen Berechtigungsprüfungs-, Ermittlungs- und Kontrollaufwand. Jede und jeder bekommt das Grundeinkommen ohne Antrag, ohne Bedürftigkeitsprüfung, unabhängig von Erwerbstätigkeit, von persönlichen Verhältnissen, Beziehungen oder Einstellungen. Niemand prüft mehr, ob es gute oder schlechte Gründe für die Gewährung einer Mindestsicherung gibt.

Nichts anderes als eine radikale Steuerreform

Trotz aller Radikalität: Im Kern ist ein bedingungslos gewährtes Grundeinkommen nichts anderes als eine fundamentale Steuerreform. Es vereint als Universalzahlung in einem einzigen Instrument alle personenbezogenen staatlichen Transfers und direkten steuerlichen Belastungen. Damit folgt das bedingungslose Grundeinkommen dem Konzept einer negativen Einkommensteuer.[125]

Mit dem Nettoprinzip des Grundeinkommens kann ein durch die Politik festzulegendes Umverteilungsziel wesentlich zielgenauer erreicht werden als mit dem heutigen Bruttoprinzip, bei dem unterschiedliche und getrennte Steuer-, Abgaben- und Transferkanäle im Endeffekt (also netto) vielfach lediglich zu einer bürokratisch aufwendigen, aber uneffektiven Verschiebung aus der einen in die andere Tasche des breiten Mittelstandes führen.

Das bedingungslose Grundeinkommen in Form der negativen Einkommensteuer löst zwei Probleme mit einem Instrument. Das heutige Nebeneinander von Sozial- und Steuersystem wird durch ein einfaches und transparentes integriertes Steuer- und Transfersystem ersetzt. Vielen Personen wird mit dem aktuellen Verfahren über das Sozialsystem Geld gegeben und zugleich über das Steuersystem wieder genommen. Das ist intransparent und ineffizient.

Zu oft wird »auf denselben sozialpolitisch relevanten Tatbestand (wie Einkommensarmut oder die Erziehung von Kindern) sowohl mit steuerlichen als auch sozialpolitischen Instrumenten eingegangen«.[126] Durch die negative Einkommensteuer werden solche ineffizienten und intransparenten Doppelstrukturen beseitigt. Denn (zu) oft wird heute im Ergebnis aus gut gemeinten Verteilungsabsichten von Reich zu Arm in der Realität letztlich das Gegenteil erreicht. Beispielsweise wenn Geringverdiener mit ihren Lohnabgaben die Ehefrauen gut verdienender Angestellter mitversichern.[127]

Sozialversicherungen sind weder sozial noch effizient

Das bedingungslose Grundeinkommen ersetzt komplett die heutigen Sozialversicherungssysteme. Das mag auf den ersten Blick als Abbau sozialer Rechte und Ansprüche erscheinen. Bei genauerem Hinsehen wird jedoch deutlich, dass einem derartigen Urteil ein Denkfehler zugrunde liegt.

Sozialversicherungen sind weder effiziente Versicherungen noch erfüllen sie die sozialpolitischen Ziele mit der erforderlichen Genauigkeit. Umverteilung ist eine staatliche Aufgabe, die durch Steuern zu finanzieren ist. Versicherung ist ein mathematisches Kalkül. Sinnvoll wäre es deshalb, das *Versicherung*element der Sozialversicherungen vollständig zu privatisieren. Und das *Umverteilung*element in einem einzigen Instrument zu integrieren, zu dessen Finanzierung alle Einkommen beitragen: der negativen Einkommensteuer des bedingungslosen Grundeinkommens.

Die von privaten Versicherungen erhobenen Beiträge würden folglich nach rein versicherungsmathematischen Regeln berechnet. Die individuellen Beiträge der Versicherten müssten zuallererst von den Versicherten selber eingezahlt werden. Erst danach setzt die sozialpolitische Komponente ein: Wer finanziell nicht in der Lage ist, den individuellen Versicherungsbeitrag zu bezahlen, erhält staatliche Zuschüsse. Zwangsläufig müssten diese staatlichen Zuschüsse nicht über Lohnabgaben, sondern aus den allgemeinen Steuern zu finanzieren sein.[128] Genau dieser Absicht folgt das Grundeinkommen.

Selbst der vielen so heilige Begriff der paritätischen Finanzierung führt in die Irre. Nur scheinbar teilen sich heutzutage Arbeitnehmer und Arbeitgeber die Beiträge zur sozialen Sicherung. Faktisch ist es immer der Arbeitnehmer, der den gesamten Betrag bezahlt. Denn aus Sicht des Arbeitgebers sind die Beiträge zur Rentenversicherung Kosten, die er genauso gut in Form höherer Löhne direkt dem Arbeitnehmer überweisen könnte, statt indirekt damit eine staatliche Kasse zu alimentieren. Ohne paritätische Finanzierung wäre somit das Bruttoeinkommen des Arbeitnehmers entsprechend um den Arbeitgeberbeitrag höher!

Die paritätisch finanzierte Sozialversicherung ist zu einem Mythos für Gerechtigkeit geworden, auch wenn Versprechungen zu bröckeln beginnen, der steuerfinanzierte Anteil immer größer und das Rentenniveau zunehmend geringer wird. Dabei wäre heute schon eine auf der breiten Grundlage aller Einkommen aufgebaute Sozialpolitik ohne Versicherungselemente generationengerechter und nachhaltiger als eine einseitig über Lohnbeiträge finanzierte staatliche Sozialversicherung, die ausschließlich Arbeitnehmerinnen und Arbeitnehmer bis zu einer Beitragsbemessungsgrenze einbindet.

Das bedingungslose Grundeinkommen ersetzt die aktivierende, steuernde und damit immer paternalistische Sozialpolitik der indirekten (Anpassungs-)Hilfen durch direkte Geldzahlungen. Das ist auch ein Grund, wieso sich Sozialbürokratie, Tarifpartner und insbesondere Gewerkschaften nicht mit einem bedingungslosen Grundeinkommen anfreunden können. Sie würden bei einem Neubau des Sozialstaates alte Besitzstände verlieren und an politischer Macht einbüßen. Der Mindestlohn würde durch ein staatlich garantiertes Mindesteinkommen ersetzt. Und weder müsste sich der Staat um Arbeitsbeschaffung noch um Arbeitslosigkeit kümmern. Staatliche Arbeitspolitik würde überflüssig. Und damit würden Verwaltungskosten eingespart werden können.

Direkte Hilfe ist ökonomisch sinnvoller und sozialpolitisch gerechter als indirekte Maßnahmen, die immer mit Sickerverlusten in Form von Bürokratie und Fehlanreizen verbunden sind. Indirekte Eingriffe in den Arbeits-, Bildungs-, Gesundheits-, Versicherungs- oder Wohnungs-

markt sind vergleichsweise teurer, ungenauer und unge-
rechter. Beispielsweise wenn wohlhabende Rentner in den
Genuss von Seniorenrabatten bei öffentlichen Bildungs-
oder Gesundheitseinrichtungen kommen.

Das bedingungslose Grundeinkommen verfolgt die Absicht, sozialpolitische Ziele direkt durch Sozialtransfers an
ökonomisch Schwächere anzustreben. Menschen, die selber zu wenig Geld haben, um sich jene Güter und Dienstleistungen kaufen zu können, die von der Gesellschaft für
ein menschenwürdiges Leben als unverzichtbar erachtet
werden, erhalten vom Staat direkt Geld, um damit das
Existenzminimum zu finanzieren.

Soll Geld beispielsweise Altersarmut verhindern, ist
diese Umverteilung einzig und ausschließlich über allge-
meine Steuern zu finanzieren. Alle – also auch Beamte,
Selbstständige, Zins-, Dividenden-, Tantiemen-, Miet- und
Pachteinkommensbeziehende – müssten entsprechend
ihrer Leistungsfähigkeit im Rahmen der allgemeinen
Steuergesetze zur Finanzierung einer sozialpolitischen
Umverteilung beitragen und nicht nur – so wie heute –
sozialversicherungspflichtige Arbeitnehmerinnen und
Arbeitnehmer.

Höhe des Grundeinkommens muss politisch festgelegt werden

Natürlich ist die Frage nach der finanziellen Höhe und dem materiellen Umfang des Existenzminimums eine politisch höchst umstrittene Angelegenheit. Und es kann nicht ausgeschlossen werden, dass vor Bundestagswahlen die Parteien versucht sein könnten, mit Versprechungen, das Grundeinkommen zu erhöhen, auf Stimmenfang zu gehen.

Aber das ist derzeit in keiner Weise anders. Wettbewerb um die Wählerschaft gehört zur Demokratie. Eine Bevölkerung muss in demokratischen Verfahren festlegen, ob sie das Existenzminimum hoch oder tief ansetzen will und bereit ist, die Folgen der Entscheidung zu akzeptieren und beispielsweise für die Finanzierung hohe oder tiefe Steuersätze in Kauf zu nehmen. Das war aber immer schon so.

Das Existenzminimum war, ist und bleibt auch mit dem bedingungslosen Grundeinkommen eine politische Festlegung. Alle zwei Jahre legt die Bundesregierung einen »Bericht über die Höhe des steuerfrei zu stellenden Existenzminimums von Erwachsenen und Kindern« (Existenzminimumbericht) vor.[129]

Nach der Rechtsprechung des Bundesverfassungsgerichts »muss dem Steuerpflichtigen nach Erfüllung seiner Einkommensteuerschuld von seinem Erworbenen zumindest so viel verbleiben, wie er zur Bestreitung seines notwendigen Lebensunterhalts und … desjenigen seiner Familie bedarf (Existenzminimum). Die Höhe des steuerlich zu verschonenden Existenzminimums hängt von den allgemeinen wirtschaftlichen Verhältnissen und dem in der Rechtsgemeinschaft anerkannten Mindestbedarf ab; diesen einzuschätzen, ist Aufgabe des Gesetzgebers. … Demnach ist der im Sozialhilferecht anerkannte Mindestbedarf die Maßgröße für das einkommensteuerliche Existenzminimum.«[130]

Die politische Festlegung des Existenzminimums im Rahmen eines bedingungslosen Grundeinkommens ist somit in keiner Weise neu. Sie ist eine Fortführung längst geübter politischer Verfahren. Das gilt im Übrigen auch ganz pragmatisch für die Praxis. »Keine moralisch halbwegs integre Gesellschaft wird sehenden Auges Mitmenschen verhungern lassen, und zwar *unabhängig* davon, ob diese Mitmenschen unverschuldet in Not geraten sind oder ob sie sich aus eigener Schuld in ihre missliche Lage manövriert haben.«[131] Deshalb wird eine aufgeklärte christliche Gesellschaft es niemals zulassen, dass Menschen ohne Nahrung und Kleider obdach- und würdelos dahinvegetieren. Sie wird in jedem Fall in der einen oder anderen Weise einen Absturz ins Bodenlose verhindern und ein wie auch immer geknüpftes Auffangnetz auslegen. Dass ein Sicherheitsnetz faktisch ohnehin besteht, ist die fundamentale Rechtfertigung für ein bedingungslos gewährtes Grundeinkommen zur Sicherung des Existenzminimums.

Das Grundeinkommen will Menschen allen Alters und ungeachtet gesellschaftlicher Erwartungen oder der eigenen ökonomischen Leistungsfähigkeit ermächtigen, das zu tun, was sie eigenverantwortlich wollen, und verschafft allen gleichermaßen eine finanzielle Grundausstattung. Es ist klüger, den Menschen Geld zu geben und sie selber entscheiden zu lassen, wofür sie es ausgeben, anstatt sie zu bevormunden und zu zwingen, etwas zu tun, was sie nicht wollen.

Das Grundeinkommen geht über den sozialen Ausgleich der sozialen Marktwirtschaft hinaus. Es wird nicht nur subsidiär unterstützt, wer unverschuldet in Not geraten und zu schwach ist, sich selbst zu helfen.[132] Vielmehr ist das Grundeinkommen als ein Bürgerrecht auf gesellschaftliche Mindestteilhabe konzipiert. Es verzichtet auf Kontrolle und Gegenleistung und gibt damit jedem Bürger einen Vertrauensvorschuss. Damit schafft es für viele Menschen eine finanzielle Basis für Teilhabe, verantwortliches Handeln und gesellschaftliches Engagement.

Eine alte Idee erhält neuen Aufwind

Die Idee des Grundeinkommens ist nicht neu.[133] Die Ursprünge gehen auf das 19. Jahrhundert zurück. Zu den bekanntesten Befürwortern im 20. Jahrhundert gehörten die britische Ökonomin und Politikerin Juliet Rhys-Williams

sowie die US-amerikanischen Ökonomen und Nobelpreisträger Milton Friedman und James Tobin. Lady Rhys-Williams machte bereits 1943 den sozialpolitisch motivierten
Vorschlag eines existenzsichernden Sozialtransfers an alle.
Für sie war der Wegfall einer entwürdigenden »Bittstelle-
rei« und einer von Misstrauen geprägten fortwährenden
Kontrolle durch staatliche Behörden der entscheidende
Vorteil einer staatlichen Existenzsicherung ohne Gegenleistung.[134]

Milton Friedman prägte den Begriff der negativen Einkommensteuer als Verknüpfung von Einkommensteuer
und Sozialtransfers und brachte diese Idee in den 1960er-
Jahren erneut in die Diskussion.[135] James Tobin, Nobelpreisträger von 1981, entwickelte auf der Basis der negativen Einkommensteuer das Konzept einer garantierten
staatlichen Mindestsicherung.[136] Die Ideen von Friedman
und Tobin wurden danach vom ehemaligen Harvard-
Ökonomen Philippe van Parijs aufgegriffen, der sich ve-
hement für das Grundeinkommen einsetzte und 1986 das
heutige Basic Income Earth (damals noch European) Network (BIEN) gründete.[137]

In (West-)Deutschland begann in den 1980er-Jahren eine
Diskussion über ein von der Erwerbsarbeit entkoppeltes
staatlich finanziertes garantiertes Grundeinkommen.[138]
Sie wurde dann von der Agenda 2010 und den Hartz-Refor-
men befeuert. Denn die Konzepte »Fordern und Fördern«
(in Deutschland) bzw. »Workfare statt Welfare« (in den
USA) erschienen vielen zynisch: Staatliche Unterstützung

an eine Erwerbspflicht zu koppeln, »obgleich für Millionen diese Erwerbsarbeit nicht zugänglich ist«, wirkt (bis heute und im Zeitalter der Digitalisierung mehr denn je) widersprüchlich.[139]

Mitte des letzten Jahrzehnts, in schwierigen Diskussionen um die Neugestaltung des Sozialstaates während Zeiten immens hoher Arbeitslosigkeit, gewann die Idee eines bedingungslosen Grundeinkommens neuen Zulauf. Populär wurde die Forderung »Einkommen für alle« von Götz Werner.[140]

Der anthroposophisch argumentierende Gründer und Chef der dm-Drogeriemarktkette wollte einer »neuen Ethik« und damit auch dem Unternehmertum (»Lebensunternehmer«) zum Durchbruch verhelfen: »Du bekommst ein Grundeinkommen und hast damit die Möglichkeit, ja die Bringschuld, deine Talente in der Gesellschaft wirksam werden zu lassen. Zeig, was du kannst! … Gewiss aber ist, dass mehr geleistet würde und damit mehr verteilt werden könnte. Der Kuchen würde größer! Und das Geld würde sinnvoller genutzt.«[141]

Politisch wurde das bedingungslose Grundeinkommen vom damaligen Thüringer Ministerpräsidenten Dieter Althaus vorangetrieben. Er legte im Sommer 2006 das Konzept eines »Solidarischen Bürgergeldes« vor.[142] Der Vorschlag wurde heftig und breit diskutiert.[143] Dabei standen drei Aspekte unter besonderer Kritik, auf die alle in den nächsten Kapiteln einzugehen sein wird:

Erstens wird die Finanzierbarkeit bezweifelt.[144] Zweitens

wird das Grundeinkommen als »Arbeitsplatzvernichtungs-prämie« gebrandmarkt, das »vielen Erwerbslosen irriger-weise als ›Schlaraffenland ohne Arbeitszwang‹ erscheint, in Wirklichkeit aber ein wahres Paradies für Unterneh-mer wäre, in dem Arbeitnehmer wenige Rechte und Ge-werkschaften keine (Gegen-)Macht mehr hätten«.[145] Und drittens wird die Bedingungslosigkeit als falsches Signal bewertet, das Arbeitsanreize untergrabe und dazu führe, dass »sich Menschen weniger als bisher qualifizieren und weniger als bisher arbeiten«.[146]

Natürlich sind die kritischen Gegenstimmen ernsthaft zu prüfen. Aber die meisten Einwände richten sich nicht alleine gegen das bedingungslose Grundeinkommen. Sie zielen ganz grundsätzlich auf die Zukunft des Sozialstaa-tes. Der wird jedoch bei einem »Weiter so wie bisher« stär-ker gefährdet sein als bei einem Grundeinkommen. Die Digitalisierung wird mehr Arbeitsplätze vernichten und die Ineffektivität einer aktivierenden Sozialpolitik hef-tiger aufdecken, als die Kritiker des Grundeinkommens vermuten. Deshalb dürfen Zukunftsrisiken nicht isoliert für das bedingungslose Grundeinkommen bewertet wer-den. Sie müssen im Vergleich zum Bestehenden und zu Alternativen bewertet werden.

Der wirtschaftliche Aufschwung der letzten Jahre hat mitgeholfen, die grundsätzlichen Probleme des heutigen Sozialstaates zu vertuschen. Eine generelle Reform schien weniger dringend als zu Zeiten hoher Massenarbeitslosig-keit Mitte des letzten Jahrzehnts. Aber erst schleichend, dann beschleunigt durch die strukturellen demografischen, gesellschaftlichen und ökonomischen Veränderungen und schließlich befeuert durch die Folgewirkungen der Digitalisierung, erhält das bedingungslose Grundeinkommen wieder stärkere Aufmerksamkeit. So hat »Die Linke« in ihrem Programm festgehalten, »dass Teile der Partei das Konzept des bedingungslosen Grundeinkommens vertreten und dass die kontroverse Diskussion weiter geführt werden soll«.[147]

Insbesondere die Analysen der beiden Forscher Erik Brynjolfsson und Andrew McAfee am MIT (Massachusetts Institute of Technology) führten zur Frage, wie menschliche Arbeit im »zweiten Zeitalter der Maschine« gegenüber Robotern mit künstlicher Intelligenz bestehen könne.[148] Auch wenn die Autoren der Bedingungslosigkeit eines Grundeinkommens skeptisch gegenüberstehen, plädieren sie doch für eine negative Einkommensteuer.

Andere Wissenschaftler wie Christopher Pissarides (Nobelpreisträger für Ökonomie von 2010) oder der britische Ökonom Anthony Atkinson suchen nach neuen Antworten auf die sozialen (Verteilungs-)Fragen, die durch die Digitalisierung aufgeworfen werden.[149] Und auch einige Manager schließen sich der Forderung nach einem bedingungslosen Grundeinkommen an, darunter Sheryl Sandberg von Facebook oder Dileep George von Vicarious, der davon überzeugt ist, dass »Maschinen die besseren Menschen sein« werden.[150]

Unter dem Eindruck der Diskussionen auf dem Weltwirtschaftsforum 2016 in Davos forderte Klaus Schwab, Gründer des World Economic Forum, als Folge der vierten industriellen Revolution dann auch prompt Lösungen, »die allen ein Mindesteinkommen garantieren«.[151] »Ganz offensichtlich verändert die Digitalisierung etwas sehr Grundsätzliches im Zusammenspiel von Mensch und Maschine, auch wenn vielen noch nicht ganz klar war, was es exakt bedeutet.«[152]

Es ist eher kein Zufall, dass ausgerechnet Persönlichkeiten, die als Führungskräfte täglich mit der Digitalisierung und ihren fundamentalen Veränderungen auf Wirtschaft und Gesellschaft zu tun haben, einem bedingungslosen Grundeinkommen gegenüber positiv eingestellt sind. So hat sich Timotheus Höttges, Chef der Deutschen Telekom, für ein bedingungsloses Grundeinkommen als »Grundlage für ein menschenwürdiges Leben ausgesprochen«: Das Grundeinkommen »könnte eine Lösung sein – nicht heute, nicht morgen, aber in einer Gesellschaft, die sich durch die Digitalisierung grundlegend verändert hat«[153]. Ähnlich hat Siemens-Chef Joe Kaeser das Polarisierungspotenzial der Digitalisierung erkannt und als Abhilfe für ein bedingungsloses Grundeinkommen plädiert.[154]

Neu entbrannt ist die Diskussion über ein Grundeinkommen durch die im Juni 2016 in der Schweiz zur Abstimmung gebrachte Volksinitiative »Für ein bedingungsloses Grundeinkommen«.[155] Die Initiative verlangte vom Bund »die Einführung eines bedingungslosen Grundeinkommens«, das »der ganzen Bevölkerung ein menschenwürdiges Dasein und die Teilnahme am öffentlichen Leben ermöglichen« sollte, unabhängig von einer Erwerbsarbeit.[156] Zwar lehnten drei von vier Eidgenossen die Einführung eines Grundeinkommens für alle ab. Aber diese Abstimmung wird nicht das Ende der Diskussion sein. Es ist vielmehr der Beginn einer internationalen Bewegung, die in den nächsten Jahrzehnten alle westlichen Länder erfassen wird.[157]

Gesellschaften wären klug beraten, lieber früher als später den Neubau ihrer eigenen Sozialstaaten anzugehen, bevor Digitalisierung und Individualisierung die sozialpolitischen Spannungen verschärfen und uneinlösbare Generationenverträge und brüchige Solidargemeinschaften infrage stellen.

Ob zu Recht oder Unrecht, Marktwirtschaft und Liberalismus sind in Verruf gekommen. Viele nutzen – manchmal in Unkenntnis, oft jedoch ganz bewusst als Kampfbegriff – das Zerrbild des kalten, interessengetriebenen Neoliberalismus, um die Marktwirtschaft zu diskreditieren.[158] So absurd es ist, den (Neo-)Liberalismus oder die Marktwirtschaft als Ursache aller ökonomischen Fehlentwicklungen zu verdammen, so zutreffend ist es eben auch, dass über die vergangenen Jahrzehnte ein »Kapitalismus für die Wirtschaft« den »Kapitalismus für die Menschen« verdrängte.[159]

Für Liberale ist es deshalb (höchste) Zeit, den Kompass auf »pro market« und nicht »pro business« auszurichten. Weder sind abstrakt die Wirtschaft noch konkret einzelne Interessen zu unterstützen. Vielmehr gilt es, allen Menschen möglichst große Handlungs- und weite Gestaltungsspielräume zu eröffnen. Dazu gehört eben auch, für Chancengleichheit am Start und eine Durchlässigkeit nach oben als Folge eigener Leistung zu sorgen. Sie sind für eine gesellschaftliche Akzeptanz ökonomischer Ungleichheit unverzichtbar. Das bedingungslose Grundeinkommen setzt diese Erkenntnis in politische Realität um.

8. Ist das Grundeinkommen finanzierbar?

Die Frage, ob das Grundeinkommen finanzierbar ist, wird am Ende der alles entscheidende Punkt sein. Umso dramatischer, dass sie völlig falsch gestellt wird. Denn ja, natürlich ist das bedingungslose Grundeinkommen finanzierbar. Da unterscheidet sich die Antwort in keiner Art und Weise von der Frage, ob die Renten von heute auch morgen noch sicher sein werden. Klar sind sie das. Wichtig(er) ist jedoch, auf welcher Höhe sie liegen werden und wer dafür zu bezahlen hat. Genauso verhält es sich mit dem Grundeinkommen.

Die einfache Mechanik lautet: Je höher oder tiefer das bedingungslose Grundeinkommen angesetzt ist, umso teurer oder billiger wird die Finanzierung für den Staatshaushalt und umso schwieriger oder einfacher ist es umzusetzen. Ein hohes (oder tiefes) bedingungsloses Grundeinkommen bedingt hohe (oder tiefe) direkte Steuersätze, was die individuellen Leistungsanreize stark (oder eben kaum) verringert.

Es ist nun an der Bevölkerung, die Entscheidung zu fällen, was sie will: ein hohes oder ein tiefes bedingungsloses Grundeinkommen. Findet in den politischen Verfahren ein hohes BGE Zustimmung, dann lässt sich dies auch finanzieren. Aber die Gesellschaft, die sich ein hohes Grundeinkommen leisten will, muss dann auch mit den ausgelösten Folgeeffekten leben, die möglicherweise zu weniger Wohlstand für alle führen. Und ein zu geringes Grundeinkommen führt möglicherweise zu als unfair bewerteten Ungleichgewichten, Zukunftsängsten und sozialen Spannungen, die dann wiederum ökonomisch kostspielige politische Instabilitäten verursachen können.

Stellt die Finanzierungsfrage richtig!

Die korrekte Frage nach der Finanzierbarkeit des bedingungslosen Grundeinkommens muss also ganz anders angegangen werden. Vorerst sind politisch die Ziele zu klären: Was soll der Sozialstaat leisten? Dann müssen verschiedene vorstellbare Alternativen ökonomisch auf Effizienz, Effektivität und Präzision der Zielerreichung geprüft werden: Welche sozialpolitischen Instrumente genügen den politischen Zielen am besten? Danach gilt es, in einem gesellschaftlichen Dialog zu diskutieren und mit demokratischen Verfahren zu entscheiden, welche Kosten die Bevölkerung für den Sozialstaat zu tragen bereit ist:

Wie teuer darf der Sozialstaat sein? Und daraus ergibt sich am Ende – und nicht zu Beginn – die Frage, zu welchen steuerlichen Belastungen es führt, wenn ökonomisch zu finanzieren ist, was politisch gewollt und gesellschaftlich gewünscht wird.

Der Appell für ein bedingungsloses Grundeinkommen und die Frage nach seiner Finanzierung sollen keine emotionsgeladene Diskussion über das richtige Ausmaß der sozialen Sicherheit vom Zaune reißen. Es geht nicht um einen Sozialabbau. Im Gegenteil: Aus jedem einzelnen Euro des Sozialstaates muss mehr Wohlstand für alle gewonnen werden. Gerechtigkeit, Fairness und Wirtschaftlichkeit erzwingen, dass das, was sozialpolitisch gewollt ist, mit den ökonomisch geringsten Kosten erreicht wird. Die Frage, wie viel Sozialstaat eine Gesellschaft sich leisten will, was sie für unverzichtbar hält und wo und wie sie ein Existenzminimum festlegt, das die Würde aller sicherstellen soll, muss in einem politischen Willensbildungsprozess diskutiert und durch demokratische Verfahrensprozesse entschieden werden.

Der Sozialstaat steht als Garant für das Recht auf Menschenwürde und die freie Entfaltung der Persönlichkeit.[160] Er muss somit sicherstellen, dass

1. allen eine menschenwürdige Lebensgestaltung ermöglicht wird,
2. alle zumindest auf einem gewissen Niveau (dessen Höhe politisch festzulegen ist) Startchancen (Erstausstat-

tung) erhalten, die für ein Mitmachen und eine Teilhabe in Wirtschaft, Gesellschaft und Politik genutzt werden können,

3. aus Fairnessgründen jegliche Marktmacht sowie rechtliche und soziale Diskriminierung beim Wettbewerb um wirtschaftliche, gesellschaftliche und politische Positionen verhindert werden,

4. eine minimale Versicherung gegen unverschuldete, nicht vorhersehbare Not gewährleistet ist, wobei an der Stelle durchaus ideologische Unterschiede bestehen, wann Not vorliegt und wie weit sie unverschuldet und unvorhersehbar eingetreten ist.

Dem Primat der Politik folgend, sind die politisch festgelegten Ziele der Sozialpolitik für die Ökonomik bindend. Sie müssen bei der Suche nach einem neuen Sozialsystem mit den geringsten Kosten erfüllt werden. Das ist die Leitlinie, an der sich ein Sozialstaatsmodell des 21. Jahrhunderts messen lassen muss.

Selbstredend variieren im Zeitverlauf die Zielvorgaben der Politik. Neue Regierungen oder veränderte parlamentarische Mehrheiten können politische Prioritäten an ihre Präferenzen und Wählerwünsche anpassen. Machtwechseln und ideologischen Veränderungen muss ein nachhaltiger Sozialstaat durch eine geschickte Mischung von Stabilität und Flexibilität Rechnung tragen.

Ein klug konzipierter Sozialstaat muss so stabil gebaut sein, dass seine langfristigen Finanzierungsgrundlagen nicht durch politische Richtungswechsel gefährdet werden. Und er muss so flexibel sein, dass er die von einer Legislaturperiode zur nächsten oder auch durch gezielte politische Initiativen veränderten Zielvorgaben kurzfristig umsetzen kann, ohne dass dadurch die Struktur grundsätzlich in eine Schieflage gerät. Das bedingungslose Grundeinkommen erfüllt genau diese Forderung nach einer nachhaltigen Stabilität, die aber durchaus Platz lässt für kurzfristige Anpassungen, beispielsweise bei den beiden Stellschrauben »Höhe des Grundeinkommens« und »Höhe des Einkommensteuersatzes«.

Aus der korrekten Fragestellung, die zuerst die Ziele definiert und dann erst die Instrumente wählt, ergibt sich das weitere Vorgehen für die Einführung eines bedingungslosen Grundeinkommens. In einem ersten Schritt ist festzulegen, wie hoch das Grundeinkommen sein soll, das an alle auszubezahlen ist. Aus dem Grundeinkommen pro Kopf multipliziert mit der Anzahl der Personen, die einen berechtigten Anspruch haben, ergeben sich die Gesamtkosten, die durch den Staatshaushalt zu finanzieren sind.

Aus dem Finanzierungsbedarf leiten sich zweitens die Steuersätze ab, die notwendig werden, um das Finanzierungsvolumen aufbringen zu können. Drittens ist dann zu prüfen, in welcher Form ein bedingungsloses Grundeinkommen und die zu seiner Finanzierung notwendigen Steuersätze zu Verhaltensveränderungen in der Bevölkerung führen, wobei insbesondere die Effekte auf die individuelle Leistungsbereitschaft zu berücksichtigen sind.

Auch für diesen letzten Prüfschritt gilt eine einfache ökonomische Grundregel: Sind direkte Einkommensteuersätze hoch, ist die Leistungsbereitschaft vergleichsweise gering. Die meisten Menschen sind nicht so begeistert, wenn sie mehr und hart arbeiten, aber davon einen großen Teil in eine gemeinsame Kasse einzahlen müssen, die dann auch jene speist, die sich nicht anstrengen können oder wollen. Bei tiefen Einkommensteuersätzen hingegen verbleibt viel in der Tasche der Leistungserbringer. Entsprechend stark ist dann der Anreiz, ökonomisch aktiv zu sein.

Ein Rechenbeispiel

Die direkten Kosten eines bedingungslosen Grundeinkommens lassen sich relativ einfach abschätzen. Sie sollen hier stilisiert als leicht nachvollziehbare Überschlagsrechnung und eher beispielhaft als konkret präsentiert werden. Nimmt man an, dass in Deutschland 80 Millionen Menschen leben, die Anrecht auf ein Grundeinkommen haben, ergeben sich für alternative Höhen des Grundeinkommens folgende jährlichen Finanzierungsbedarfe:[161]

Tabelle 2:
Finanzierungsbedarf für alternative Auszahlbeträge des Grundeinkommens für Deutschland (stilisierte Beispielberechnungen unter der Annahme, dass 80 Millionen Personen Anrecht auf ein Grundeinkommen haben)

| Höhe des Grundeinkommens | | Finanzierungsbedarf |
Monatlich in Euro	Jährlich in Euro	Jährlich in Milliarden Euro
600	7200	576
800	9600	768
1000	12.000	960
1200	14.400	1152
1400	16.800	1344
1600	19.200	1536
1800	21.600	1728
2000	24.000	1920

Quelle: Eigene Berechnungen

Bei einem monatlichen Grundeinkommen von 600 Euro entsteht ein jährlicher Finanzierungsbedarf von weniger als 600 Milliarden Euro, bei monatlich 800 Euro sind es rund 800 Milliarden Euro. Bei monatlich 1000 Euro entstehen für den Staat Finanzierungskosten von rund einer Billion Euro.

Zum Vergleich: 2015 wurden für den Sozialstaat insgesamt 888 Milliarden Euro ausgegeben.[162] Davon flossen rund 60 % an die Sozialversicherungssysteme und etwa

20 % an Förder- und Fürsorgesysteme. Finanziert wurde der Sozialstaat zu je rund einem Drittel aus Sozialbeiträgen der Arbeitgeber, der Versicherten und des Staates.

Die heutigen Kosten für den bestehenden Sozialstaat liefern einen Anhaltspunkt, inwieweit die verschiedenen Alternativen für die Höhe des Grundeinkommens als realistisch beurteilt werden können. Wird das Sozialbudget 2015 von 888 Milliarden Euro als Maßstab genommen, ließe sich – für den Staatshaushalt mehr oder weniger budgetneutral – ein Grundeinkommen von monatlich 600 Euro finanzieren (wenn die Sozialversicherungssysteme komplett abgeschafft würden, an den Förder- und Fürsorgesystemen sowie den übrigen Sozialleistungen jedoch festgehalten würde). Würde der gesamte heutige Sozialstaat durch ein bedingungsloses Grundeinkommen ersetzt, könnte – wiederum für den Staatshaushalt budgetneutral – monatlich sogar ein Grundeinkommen von 925 Euro ausbezahlt werden.

Die gegenüber dem heutigen Sozialstaat geringeren Verwaltungskosten würden den Verteilungsspielraum noch vergrößern. Das Grundeinkommen macht eine Reihe bürokratischer Abläufe und Kontrollen überflüssig. Wie viel am Ende deswegen tatsächlich eingespart werden könnte, hängt vom Grad seiner konsequenten Umsetzung ab.

Ob die Gesellschaft bereit wäre, das Grundeinkommen idealtypisch umzusetzen und eine aktivierende Sozialpolitik tatsächlich komplett abzuschaffen, ist letztlich eine politisch zu entscheidende Frage. Sie dürfte durch den Widerstand unterschiedlicher Interessengruppen und deren Ideologien beeinflusst werden. Die Erfahrung lehrt, dass es in aller Regel sehr schwer fällt, über lange Zeiten geschaffene Bürokratien und gut eingespielte Verwaltungsstrukturen aufzulösen. Was über Jahrhunderte gewachsen ist, braucht in aller Regel Jahrzehnte, um zu schrumpfen. Deshalb dürften sich Einspareffekte eher langfristig als kurzfristig positiv auswirken.

Die unmittelbare Wirkung eines bedingungslosen Grundeinkommens auf die öffentlichen Finanzen lässt sich mithilfe einer holzschnittartigen Überschlagsrechnung von Staatsausgaben und -einnahmen veranschaulichen. Dabei erheben die folgenden Kalkulationen in keiner Weise den Anspruch, die Folgeeffekte eines Grundeinkommens auf den deutschen Staatshaushalt präzise zu berechnen und genau vorauszusagen. Ihre Aussagekraft ist alleine deshalb schon beschränkt, weil sie rein statisch sind, also alle Veränderungen unbeachtet lassen, die ein Grundeinkommen zweifelsfrei auf Arbeit und Beschäftigung, Löhne und Wertschöpfung sowie Steuereinnahmen ausübt. Die Überschlagsrechnungen sollen lediglich grundsätzliche Plausibilitäten darlegen. So, dass Größenordnungen abgeschätzt und für weitere Diskussionen nutzbar gemacht werden können.

Die Staatsausgaben aller Gebietskörperschaften, also Bund, Länder, Gemeinden, und der Sozialversicherungen zusammen lagen 2015 bei 1,33 Billionen Euro.[163] Nimmt man diese 1,33 Billionen Euro aller Staatsausgaben als Ausgangslage und zieht davon die 888 Milliarden des Sozialbudgets ab, ergibt eine grobe Abschätzung (die insbesondere alle Doppelzählungen vernachlässigt), dass die staatlichen Ausgaben jenseits des Sozialstaates etwa 450 Milliarden Euro Kosten verursachen. Selbstverständlich müssten bei einem Übergang der Sozialpolitik zu einem bedingungslosen Grundeinkommen alle anderen öffentlichen Aufgaben (beispielsweise für innere und äußere Sicherheit, also für Polizei und Bundeswehr, Gerichte und Verwaltung oder für Infrastruktur, Bildung, Gesundheit und Kultur) auch weiterhin bezahlt werden.

Wie könnte nun der Staat die Steuerpolitik gestalten, um das Grundeinkommen bezahlen zu können? Die Bruttowertschöpfung in Deutschland betrug im Jahr 2015 2,73 Billionen Euro.[164] Würde auf die gesamte Wertschöpfung, wenn sie zu Einkommen wird, ein gleicher Steuersatz von 30 % erhoben, würden 819 Milliarden Euro in die öffentlichen Kassen gespült. Bei 40 % wären es 1,1 Billionen Euro, bei 50 % 1,37 Billionen Euro.

Und zur Erinnerung: Die indirekten Steuereinnahmen erreichten 2015 rund 318 Milliarden Euro und 2016 fast 330 Milliarden Euro.[165] Sie stehen für eine Finanzierung öffentlicher Leistungen natürlich auch (weiterhin) zur Verfügung.

Die staatliche Ausgaben- und Einnahmenseite zusammengenommen, ergibt sich folgende holzschnittartige und damit beispielhaft und nicht präzisionsgenau zu bewertende Überschlagsrechnung von Ausgaben für ein

Grundeinkommen und entsprechendem Finanzierungsbedarf (mit stark gerundeten Euro-Beträgen). Bei staatlichen Ausgaben jenseits des Sozialstaates von 450 Milliarden Euro und indirekten Steuereinnahmen von
320 Milliarden Euro gibt es einen weiteren Finanzbedarf
von 130 Milliarden Euro für alle öffentlichen Aufgaben,
die nichts mit dem Sozialstaat zu tun haben.

Dazu kommen die staatlichen Ausgaben für das bedingungslose Grundeinkommen. Bei monatlich 800 Euro
kommt es bei 80 Millionen Anspruchsberechtigten zu
einem Finanzierungsbedarf von 768 Milliarden Euro. Für
ein monatliches BGE von 1000 Euro wären 960 Milliarden Euro erforderlich. Insgesamt (also unter Einschluss
der 130 Milliarden Euro Ausgaben für die übrigen öffentlichen Aufgaben, die über dem Volumen der indirekten
Steuern liegen) bedarf es direkter Steuereinnahmen von
898 Milliarden (bei einem Grundeinkommen von monatlich 800 Euro) bzw. 1,09 Billionen Euro (bei einem Grundeinkommen von monatlich 1000 Euro).

Um einen Betrag von 898 Milliarden bzw. 1,09 Billionen
Euro zu erreichen, müsste die Bruttowertschöpfung von
2,73 Billionen Euro mit 33 % (bei einem Grundeinkommen
von monatlich 800 Euro) bzw. 40 % (bei einem Grundeinkommen von monatlich 1000 Euro) besteuert werden.

Eine Steuerquote von 40 % der Bruttowertschöpfung
mag auf den ersten Blick als hoch erscheinen. Aber eine
genauere Betrachtung macht offensichtlich, dass der
Schein trügt. Die gesamtwirtschaftliche Abgabenquote

liegt heute bei 39,6 % des BIP (nämlich eine Steuerquote von 23,1 % des BIP und eine Sozialbeitragsquote von 16,5 % des BIP).[166] Sie entspricht damit heute also in etwa dem Niveau, das erforderlich wäre, um ein Grundeinkommen von monatlich 1000 Euro zu finanzieren.[167] Und nur zur Erinnerung: Bei einem bedingungslosen Grundeinkommen würde die Abgabenquote einzig und alleine noch aus der Steuerquote bestehen, da es ja keine Sozialversicherungen und damit auch keine Sozialbeitragsquote mehr geben würde.

Natürlich sind holzschnittartige Überschlagsrechnungen über Kosten und Einsparungen von Politikänderungen statisch. Sie vernachlässigen Anpassungsreaktionen und Veränderungen in den Verhaltensweisen. Sie blenden Widerstände und Verharrungskräfte aus. Dazu wird ein bedingungsloses Grundeinkommen weder vollständig umsetzbar sein noch dürften für spezielle Einzelfälle Sonderlösungen und damit Zusatzkosten geltend gemacht werden. Deshalb können Beispielrechnungen lediglich helfen, ein Gefühl für die Größenordnungen von Systemveränderungen zu entwickeln.[168]

Auch eine Dynamisierung der Modelle hilft da nicht weiter. Denn auch eine noch so exakt unter Berücksichtigung aller Details durchgeführte Abschätzung der quantitativen Folgeeffekte und der Reaktionen aller Beteiligten wäre durch große Berechnungsrisiken belastet.[169] Das bedingungslose Grundeinkommen ist ein derartiger Systemwechsel, dass alle relevanten Verhaltensfaktoren ihre

Strukturkonsistenz verlieren. Das heißt, die Zukunft wäre von der Vergangenheit so verschieden, dass Erfahrungen und Erkenntnisse aus früheren Tagen nicht auf künftige Zeiten extrapoliert werden dürfen.[170]

Die größte Schwierigkeit besteht darin, abzuschätzen, wie sich das Grundeinkommen auf den Willen, zu arbeiten, auswirkt. Werden die Menschen mehr oder weniger leisten, wenn sie nicht mehr aus Überlebensgründen zur Arbeit gezwungen sind? Und es ist unsicher, wie ein einheitlicher Steuersatz, der an der Quelle auf die Wertschöpfung erhoben wird, die individuelle Leistungsbereitschaft von Personen und die (internationale) Wettbewerbsfähigkeit von Firmen verändert.

Eine so radikale Steuerreform wie das Grundeinkommen provoziert immense Reaktionen auf Löhne und damit auf das Verhältnis von Arbeitskosten und Kapitalkosten (beispielsweise für den Einsatz von Robotern). Gewinnerwartungen, Produktionstechnologien und Standortentscheidungen von Unternehmungen müssen angepasst werden. Erwartete und beabsichtigte, aber auch ungeplante und ungewollte Folgeeffekte für Beschäftigung, öffentliche Haushalte und gesamtwirtschaftlichen Wohlstand sind die Folgen.

Modifikationen sind jederzeit möglich!

Es obliegt dem politischen Prozess, ein idealtypisches Grundeinkommen so zu modifizieren, dass normativ gesetzte politische und gesellschaftliche Ziele besser erfüllt werden können. So ist es denkbar, das Grundeinkommen für Kinder und Jugendliche bis zum Alter X niedriger anzusetzen. Die Rechtfertigung für die Schlechterstellung könnte darin liegen, dass in einem gemeinsamen Haushalt mit den Eltern (oder einem alleinerziehenden Elternteil) lebende Kinder geringere Lebenshaltungskosten verursachen. Beispielsweise können in weitem Maße fixe Kosten wie Wohnungsmiete, Internet und elektronische Geräte gemeinsam genutzt werden. Mit zunehmender Anzahl zusammenlebender Personen reduzieren sich alle Fixkosten pro Kopf.[171] Allerdings kosten eine gute Kinderbetreuung, Schulbildung, Berufslehre oder Studium auch sehr viel Geld, sodass von einem geringeren Grundeinkommen für Kinder und Jugendliche eher Abstand genommen werden sollte.

Als Alternative oder Ergänzung zur Finanzierung des Grundeinkommens über direkte Einkommensteuern kann auch eine Finanzierung über die Mehrwertsteuer in Betracht gezogen werden. So hatte beispielsweise Götz Werner die Umstellung des Steuersystems von der Einkommens- und Kapitalertragsbesteuerung hin zur Konsumbesteuerung vorgeschlagen.[172]

Die Probleme einer Finanzierung des Grundeinkommens über eine Konsumbesteuerung liegen jedoch erstens in der vergleichsweise geringen Ergiebigkeit der indirekten Steuern, zweitens in den Umgehungsanreizen und drittens in einem sogenannten Teufelskreis-Dilemma.

- 2015 hat der Staat insgesamt 319 Milliarden Euro aus indirekten Steuern erzielt, bis 2020 wird mit einem Anstieg auf 366 Milliarden Euro gerechnet.[173] Grob überschlagen müsste also das Niveau der indirekten Besteuerung gegenüber heute vervielfacht werden, um jene zusätzlichen Steuereinnahmen zu generieren, die für die Finanzierung eines bedingungslosen Grundeinkommens erforderlich wären.

- Es ist offensichtlich, dass eine derartig massiv erhöhte indirekte Steuerbelastung Anpassungsreaktionen provozieren würde. Umgehungsgeschäfte würden in hohem Maße attraktiv werden. Dazu gehören Schattenwirtschaft, Nachbarschaftshilfe, Naturaltausch, Tauschringe oder Regionalgeldsysteme (wie in Deutschland beispielsweise der Chiemgauer).[174] Eine einseitige Erhöhung der indirekten Mehrwertsteuersätze in Deutschland, nicht aber in den Nachbarländern, würde auch einen Einkaufstourismus in angrenzenden Ländern oder eine Verlagerung von Aktivitäten ins Ausland interessant machen. Beispielsweise würde die deutsche Tourismuswirtschaft gegenüber Nachbarregionen an Wettbewerbsfähigkeit verlieren.

- Eine steigende Konsumsteuer schmälert die Kaufkraft des Grundeinkommens. Werden indirekte Steuern auf die Kunden umgewälzt (womit an vielen Stellen zu rechnen ist), wird alles teurer. Bei steigenden Preisen wertet sich jedes nominelle Grundeinkommen ab. Um das Existenzminimum abzusichern, müsste das Grundeinkommen erhöht werden. Das wiederum würde den Finanzbedarf nach oben treiben und eine erneute Anhebung der Konsumsteuer zur Folge haben. So entsteht ein Teufelskreis.

- Indirekte Steuern haben einen regressiven Charakter. Das heißt, wer wenig Geld hat und nahezu sein ganzes verfügbares Einkommen zur Finanzierung des Existenzminimums ausgeben muss, wird von einer Konsumsteuer besonders hart getroffen. Wer hingegen ein hohes Einkommen hat und sparen oder viel Geld im Ausland ausgeben kann, wird nur für jenen Bruchteil des Einkommens besteuert, der dem (inländischen) Konsum dient. Entsprechend müssten Waren des täglichen Grundverbrauchs von indirekten Steuern befreit werden, was dann wiederum die Ergiebigkeit der Konsumsteuer beschränkt. Auch aus Gründen der Risikostreuung erscheint es sinnvoll, nicht vorwiegend auf eine einzige Art der Besteuerung zu setzen. Um Anreize zu Umgehung und Hinterziehung zu verringern, ist ein ausgewogenes Verhältnis von Einkommen- und Konsumsteuern anzustreben. Eine Mischung könnte vernünftig sein. Neben einer Verbreiterung der Steuerbasis für alle Einkommensarten und einer Anhebung der direkten Einkommensteuersätze – bei einem gleichzeitigen Wegfall der Sozialversicherungsbeiträge – könnte dabei sicher auch über eine weitere Anhebung der indirekten Steuersätze auf das Durchschnittsniveau innerhalb der Europäischen Union nachgedacht werden.

9. Ist das Grundeinkommen ökonomisch sinnvoll?

Es ist kein Zufall, dass das bedingungslose Grundeinkommen in den letzten Jahren weiter an Interesse gewonnen hat. Die digitale Revolution verändert die Arbeitswelt und die Lebenswirklichkeit des 21. Jahrhunderts so dramatisch, dass alte Gesetzmäßigkeiten nicht mehr gelten. Für den Sozialstaat erwachsen aus den technologischen, demografischen und ökonomischen Umwälzungen nicht nur Herausforderungen. Es entstehen auch Chancen, Arbeit und Arbeitsethos mit neuen Inhalten zu füllen und alte Verhaltensmuster zu überdenken.

Warum sollen nicht Roboter dem Menschen gefährliche, schmutzige und langweilige Arbeiten abnehmen? Der Mensch ist ökonomisch viel zu wertvoll, um ihn gesundheitsschädigende Arbeiten machen zu lassen. Und es ist fantasielos und auch nicht der Würde des Menschen angemessen zu argumentieren, »dass die Jobs, die keiner gern macht, nur dann erledigt werden, wenn auf den Leuten ein gewisser Erwerbsdruck lastet«.[175]

Ist es ein gesellschaftlicher Rückschritt oder ein kultureller Verlust, wenn eine neue Technologie das Decken von Dächern möglich macht, sodass der Beruf des Dachdeckers von heute verschwindet? Nein! Holt den Dachdecker von den Dächern! »Wollen wir denn wirklich auch in 50, 100 Jahren noch Arbeitsplätze anbieten, deren Inhalt darin besteht, einen einzigen Prozessschritt bei der Montage eines Handys zu erledigen? Das kann doch nicht ernsthaft sein, was wir wollen«, bringt es der Vorstandsvorsitzende der Deutschen Post, Frank Appel, auf den Punkt.[176]

Wenn im Krieg unbemannte Drohnen statt pilotengesteuerte Kampfflieger und Sprengroboter statt menschliche Sprengkommandos eingesetzt und der militärische Kampf mit Technologie und nicht mit Infanterie geführt wird, muss ein Ersatz von Menschen durch kluge Automaten doch auch im Frieden und in der Wirtschaft möglich sein. Der Krieg war schon immer Vater aller Dinge und Mutter des technologischen Fortschritts, der dann in den ökonomischen Alltag einfloss.

Das Grundeinkommen nutzt konsequent die sich aus der Digitalisierung ergebende Chance, die Arbeit loszuwerden, zumindest die gefährlichen oder stupiden Aktivitäten. Es löst den Sozialstaat aus seiner Fokussierung auf Arbeit und Lohneinkommen. Es bindet alle ein und besteuert alle Tätigkeiten und alle Einkommen gleichermaßen. Neben das Lohneinkommen tritt das Kapitaleinkommen und neben eine Besteuerung der Arbeit die Besteuerung der (Eigentümer der) Roboter.

Wer wird noch arbeiten? Die Antwort ist paradox

Die größte Sorge der Gegner eines bedingungslosen Grundeinkommens besteht darin, dass niemand mehr arbeitet, wenn er nicht arbeiten muss, um damit die eigene Existenz zu finanzieren. Wer hat noch Lust auf Arbeit, wenn es keinen Arbeitszwang gibt?

Als Antwort offenbaren Umfragen eine verblüffende, wenn auch nicht wirklich überraschende Paradoxie. Selbst würde man natürlich auch bei einem bedingungslos gezahlten Grundeinkommen weiterarbeiten, von anderen jedoch erwartet man weit öfter das Gegenteil, nämlich dass sie dann weniger oder gar nicht mehr arbeiten würden. So wurden im Herbst 2016 in einer repräsentativen Forsa-Umfrage deutschen Erwerbstätigen folgende Fragen gestellt:[177]

»Würden Sie persönlich aufhören zu arbeiten, wenn Sie ein bedingungsloses Grundeinkommen vom Staat in Höhe von monatlich 1000 Euro bekämen, oder würden Sie trotzdem weiter einer Erwerbstätigkeit nachgehen wollen?« Die Antwort: Unabhängig von Geschlecht und Alter würden 95 % aller Befragten weiterarbeiten. Lediglich bei der Einkommenshöhe gibt es etwas Varianz. Bei einem monatlichen Haushaltseinkommen von netto weniger als 2000 Euro würden fast 10 % nicht mehr zur Arbeit gehen, bei 2000 bis 4000 Euro wären es nur 6 % und bei 4000 Euro oder mehr nur noch 3 %, die zu arbeiten aufhören würden.

Danach wurde gefragt: »Was glauben Sie: Würden die meisten Erwerbstätigen aufhören zu arbeiten, wenn es in Deutschland ein solches bedingungsloses Grundeinkommen in Höhe von 1000 Euro monatlich gäbe, oder wäre das Ihrer Einschätzung nach nicht der Fall?« Hier sind ein Fünftel bis sogar ein Viertel der Befragten der Meinung, dass der Wille zu arbeiten bei einem Grundeinkommen rapide zurückgehen würde.

Die Ergebnisse bestätigen auch frühere repräsentative Befragungen. Werden Fragen nach der eigenen Arbeitsmotivation und der Einschätzung der Arbeitsmotivation anderer gestellt, zeigt sich in unterschiedlichen Gesellschaften immer wieder die gleiche paradoxe Antwort:[178] Fast niemand will selbst mit dem Arbeiten aufhören. Viele aber glauben, dass sich alle anderen auf die faule Haut legen würden.

Natürlich ist es von einfachen Befragungen, bei denen die Antworten ohne Folgekosten bleiben, bis zur tatsächlichen Verhaltensweise ein weiter Weg. Dennoch zeigt sich, dass die eigene Arbeitsmotivation größer ist als von allen anderen befürchtet. Arbeit ist eben für die meisten mehr als nur ein Zwang.

Arbeit bleibt wichtigste Einkommensquelle

Vor allem ein zentrales Arbeitsmotiv bleibt auch mit einem bedingungslosen Grundeinkommen bestehen – nämlich das verfügbare Einkommen. Offenbar ist bei den Kritikern das Missverständnis weit verbreitet, dass das Grundeinkommen Einkommen von Arbeit entkoppelt. Das gilt jedoch nur für das Existenzminimum. Es wird – bedingungslos – für alle staatlich garantiert. Bei jedem Einkommen, das über das Existenzminimum hinausgeht, bleibt die Abhängigkeit zur Eigenleistung bestehen.

Das bedingungslose Grundeinkommen motiviert in besonderem Maße Menschen ohne Erwerbstätigkeit und Geringverdiener zu eigener Arbeit. Und es überwindet die Armutsfalle.[179] Die heutige Sozialversicherungspflicht ist für Erwerbslose und Gelegenheitsbeschäftigte ein Anreiztöter. Denn eigenes Einkommen wird mit staatlicher Unterstützung verrechnet. Dadurch wird der Grenzsteuersatz für Empfänger staatlicher Hilfen, die aus der Arbeitslosigkeit herauswollen und wieder erwerbstätig werden könnten, derart hoch, dass sich die Anstrengung zu eigener Leistung nicht wirklich lohnt. Für viele ist dann eine Kombination aus Geld vom Staat plus abgabenfreie Einkommen aus Schwarzarbeit die bequemere Lösung.

Mit einem bedingungslosen Grundeinkommen hingegen lohnt sich jeder noch so kleine Hinzuverdienst. Der Steuertarif weist keine Sprungstellen mit hohen impliziten Grenzsteuersätzen auf. Beim Übergang von Sozialhilfe in Arbeit gibt es mit Blick auf das verfügbare Einkommen keine »Eigernordwand«-Phänomene mehr – also Grenzsteuersätze der Besteuerung von 80 oder mehr Prozent des Einkommens, wenn jemand ohne Beschäftigung wieder zu arbeiten beginnt. Der Grenzsteuersatz bleibt unabhängig von der Einkommenshöhe für alle und alles vom ersten bis zum letzten verdienten Euro konstant.

Wer aus der Arbeitslosigkeit in Arbeit wechselt, wird nicht durch einen Verlust an Sozialtransfers bestraft. Er wird vom ersten Euro an durch einen Zuverdienst belohnt. Wer arbeitet, wird ein höheres verfügbares Einkommen haben als der, der nicht arbeitet. Und von jedem erarbeiteten Euro müssen alle den gleichen Betrag an der Quelle der Wertschöpfung an die Staatskasse abführen. Unwichtig, ob der Euro aus (un-)selbstständiger Beschäftigung oder aus Vermögensanlagen erwirtschaftet wurde.

Mit einem bedingungslosen Grundeinkommen wird für einen Großteil der vergleichsweise niedrigen Lohngruppen – auch bei höheren Steuersätzen – der durchschnittliche Abgabesatz tiefer liegen, als es für sozialversicherungspflichtige Beschäftigung heute der Fall ist. Der Grund: Die Beiträge zu den Sozialversicherungen entfallen und auch der Arbeitgeberanteil wird zur Verteilung frei. Somit dürfte im Niedriglohnbereich der Anreiz zu regulärer Arbeit eher größer als geringer werden.

Überdies steigert das bedingungslose Grundeinkommen die nichtmonetären und die intrinsischen Leistungsanreize. Der Wegfall von Zwang, die größere Freiheit bei der Berufswahl und die Freiwilligkeit bei der Erwerbsentscheidung verbessern die Motivation. Der Aspekt der Sinnhaftigkeit von Arbeit gewinnt an Bedeutung. Mehr Menschen können eine Arbeit wählen, die ihren Wünschen, Vorstellungen, Fähigkeiten und Neigungen entspricht. Dies fördert eine effizientere Spezialisierung.

Für viele ist Arbeit nicht nur eine lästige Pflicht, deren einziger Zweck darin besteht, die eigene Existenz zu sichern. Natürlich sind Einkommen und die Existenzabsicherung bei manchen der wichtigste Antrieb, aber eben nicht bei allen. Arbeit kann Genugtuung spenden. Einige sehen in ihrem täglichen Tun einen Sinn, der ihnen wichtig ist. Und für andere bietet Arbeit Anerkennung, Wertschätzung und Zugehörigkeit. Sie wollen sich in einem Team oder für andere nützlich machen und nicht zu Hause langweilen. Gerade Ältere wollen noch gebraucht werden und nicht zum alten Eisen gehören.

Um abzuschätzen, was bei Einführung eines Grundeinkommens passieren könnte, sollen noch einmal die groben Überschlagsrechnungen aus den letzten Kapiteln herangezogen werden. Demgemäß würde ein Bruttosteuersatz von 50 % auf die gesamte Wertschöpfung (die in Deutschland im Jahr 2015 2,73 Billionen Euro erreichte[180]) 1,37 Billionen Euro in die Staatskassen spülen. Ein Grundeinkommen von jährlich 12.000 Euro würde den Staat für 80 Millionen Anspruchsberechtigte 960 Milliarden Euro kosten. 2015 wendete man für unseren Sozialstaat 888 Milliarden Euro auf; insgesamt lagen die Staatsausgaben aller

Gebietskörperschaften (Bund, Länder, Gemeinden) und der Sozialversicherungen bei 1,33 Billionen Euro.[181] Das alles sind zwar gigantische Beträge, aber keine riesigen Abweichungen zur heutigen Realität.

Natürlich ist es höchst spekulativ, die Anreizeffekte eines Grundeinkommens abzuschätzen. Niemand kann mit Sicherheit vorhersagen, wie Menschen reagieren werden, wenn sie nicht mehr arbeiten müssen, um zu überleben. Und sicher ist richtig, dass die Höhe des Grundeinkommens einen entscheidenden Einfluss auf das Verhalten und die Anpassungsreaktionen der Menschen ausübt. Je höher es ist, umso geringer werden Anreiz und Bereitschaft, gefährliche, gesundheitsschädigende oder schlecht bezahlte Jobs anzunehmen. Und anders als heute haben mit einem Grundeinkommen Menschen mehr Verhandlungsmacht, Angebote abzulehnen. Also dürften für ungeliebte Beschäftigungen entweder die Löhne steigen oder die Arbeit wird durch Maschinen statt Menschen zu erledigen sein.

Aber eine Sache darf nicht unterschlagen werden. Auch beim heutigen Sozialstaatsmodell werden in den kommenden Jahren die Lohnabgaben zur Finanzierung der sozialen Sicherungsmodelle dramatisch steigen. Selbst unter Berücksichtigung der politisch gesetzten »Haltelinien« dürfte alleine der Rentenbeitrag auf ein Viertel des Bruttoeinkommens ansteigen.[182] Dazu kommen die weiter zunehmenden Abgaben für die Kranken- und die Pflegeversicherung. Somit werden auch beim bestehenden System die negativen Arbeitsanreize stärker als heute werden.

Andere wiederum argumentieren, dass ein kapitalistisches Wirtschaftsmodell existenziell darauf angewiesen sei, dass es Menschen gibt, die durch Existenznot und Erwerbsdruck zu zwingen wären, für wenig Geld Jobs anzunehmen, die niemand gerne macht. Was für ein zynischer Irrtum. Es ist höchste Zeit, mit diesem anachronistischen Ausbeutungssystem des Frühkapitalismus aufzuräumen. Die Freiheit, Nein zu sagen, ist eine fundamentale Voraussetzung für faire und auf Augenhöhe geführte Vertragsverhandlungen. Auch für den Arbeitsmarkt gilt, dass Marktmacht oder Zwang zu ökonomisch ineffizienten Ergebnissen führt.

Im Zeitalter der Digitalisierung ist es mehr denn je wirtschaftlich unsinnig, Menschen zu zwingen, Arbeiten zu erledigen, die menschenunwürdig sind. Der Mensch ist ökonomisch zu wertvoll, um ihn gefährliche, riskante und gesundheitsschädigende Arbeiten machen zu lassen und ihn dann Jahrzehnte bis zum Lebensende krank durch den Sozialstaat zu schleppen. Das führt zu einer Privatisierung der Arbeitserträge und einer Sozialisierung der Folgekosten und das kann ökonomisch nicht effizient sein. Es muss doch alles, was möglich ist, getan werden, damit Menschen bei der Arbeit körperlich und auch geistig gesund bleiben und nicht krank, ausgebrannt oder sogar nachhaltig versehrt werden.

Die Digitalisierung wird dazu führen, dass Automaten und Roboter den Menschen aus der Produktion verdrängen. Nicht nur standardisierte einfache Arbeiten am

Fließband, an Supermarktkassen oder im Büro werden verschwinden. Auch bei qualifizierteren Tätigkeiten wie Lokomotivführer, Versicherungsmakler oder Buchhalter werden Menschen zunehmend überflüssig.

Das ist vor allem dort ein Segen, wo bisher Menschen gefährliche, schmutzige oder risikoreiche Jobs im Hoch- und Tiefbau, auf Dächern und in Tunnels, in Schlachte- reien und Labors oder bei Kontroll- und Wachdiensten ausüben mussten.

Es spricht überhaupt nichts dagegen, in Zukunft Bau- roboter Ziegel schleppen und Fenster montieren zu las- sen. Industrieroboter können neue Materialien, Bau-, Wirk- und Werkstoffe anwenden; intelligente Automaten und selbstgesteuerte Kameras werden prüfen, bewachen, kontrollieren und reagieren. Dreidimensional einsatzfähi- ge Polizeiroboter sorgen für die innere Sicherheit. Überall wird es möglich sein oder muss es möglich gemacht wer- den, Menschen in ihrer unantastbaren Würde vor physi- scher und psychischer Schädigung zu schonen und sie in der frei gewordenen Zeit für bessere und weniger strapa- ziöse Jobs weiter auszubilden.

Es mag sein, dass das bedingungslose Grundeinkom- men im Bereich der geringqualifizierten Tätigkeiten zu steigenden Löhnen führt. Das wird die Automatisierung – wie beim Dachdecker – weiter beschleunigen.

Oder aber die höheren Löhne führen tatsächlich zu steigenden Kosten. Das aber muss nicht in die makroöko- nomische Katastrophe führen. Zu erwarten ist ja, dass der Mensch gegenüber dem Roboter insbesondere im Bereich sozialer und emotionaler zwischenmenschlicher Beziehungen sowie der Feinmotorik und der Kreativität zu innovativen situativen Problemlösungen noch für eine lange Weile gewisse Vorteile bewahren kann. Diese menschlichen Vorteile dürften sich eher bei Pflege, Betreuung, Erziehung, in Handwerk, in der Hausarbeit und der Freizeit auszahlen und weniger in der Wertschöpfung von Produkten und Prozessen, die in einem internationalen (Kosten-)Wettbewerb stehen.

Anders formuliert: Lohnkosten dürften vor allem für Pflegeleistungen, Kinder- oder Altenbetreuung, haushaltsnahe Dienstleistungen (wie Reinigung, Gartenarbeiten, Housekeeping etc.) und Handwerksleistungen steigen. Warum eigentlich nicht? Weshalb sollen diese teilweise einfachen, teilweise aber auch hoch anspruchsvollen Dienstleistungen nur deshalb so billig sein, weil Menschen aus reiner Überlebensnotwendigkeit zwangsweise bereit sind, für wenig Geld Dinge zu erledigen, die niemand sonst machen würde? Wer Kinder oder Ältere betreut, ist besser motiviert, wenn die Bezahlung als fair(er) empfunden wird. Damit steigt die Qualität der Dienstleistung, was den höheren Preis dann auch mehr als rechtfertigt.

Das Grundeinkommen vereinfacht in jeder Lebensphase eine Neuorientierung – sei es aufgrund persönlicher Interessen oder aufgrund veränderter Anforderungen des Arbeitsmarkts. Es mindert die Folgekosten eines Erwerbsausfalls. Ein berufliches Scheitern oder ein Jobverlust gefährden nicht die Existenz. Das dürfte vielen Menschen ein stärkeres Sicherheitsgefühl geben. Geringere Zukunftsängste können andere ermutigen, höhere Risiken einzugehen, wenn es um Veränderungen geht. Dadurch werden Anreize und Bereitschaft erhöht, sich beruflich neu zu orientieren. Stärkere Mobilität und größere Flexibilität sind sowohl mikro- wie auch makroökonomisch positive Entwicklungen.

Das Grundeinkommen ermöglicht, sich jederzeit eine Auszeit zur Fort- und Weiterbildung zu nehmen. Dadurch verbessert es die Voraussetzungen für ein steigendes Ausbildungsniveau in der Bevölkerung. Vor allem aber trägt es so der unverzichtbaren lebenslangen Bildungsnotwendigkeit Rechnung. Ohne eine stetige Weiterqualifizierung werden Menschen gegenüber den Robotern immer weniger konkurrenzfähig sein. Nur wer die Technik beherrscht, wird nicht von der Technik beherrscht werden! Dafür braucht es kreatives Denken und neue Ideen – immer wieder.

Ein Grundeinkommen erleichtert es allen, aber besonders den Geringverdienern, zugunsten von Qualifizierungsmaßnahmen für eine gewisse Zeit aus der Erwerbsarbeit auszusteigen. Und es bietet die Gewissheit, auch bei einem später möglichen Wiedereinstieg, finanziell abgesichert zu sein. Ein Grundeinkommen leistet diese Absicherung während aller Phasen der Aus- und Weiterbildung. Anreize zur lebenslangen Erneuerung und Erweiterung des Erlernten sind wiederum sowohl aus individueller wie auch gesamtwirtschaftlicher Perspektive positiv zu bewerten – gerade in Zeiten rascher Entwertung alten Wissens und Könnens.

Blinde Sozialpolitik ist gute Sozialpolitik

Die Zukunft erfordert einen »blinden« Sozialstaat. Er muss alle Einkommen – also Löhne, Zinsen, ausgeschüttete Gewinne, Dividenden, Tantiemen, Mieteinnahmen, Transaktions- und Spekulationsgewinne – gleichermaßen und mit demselben Steuersatz in die Pflicht nehmen und nicht die eine gegenüber der anderen Einkommensform bevorzugen oder benachteiligen. Es gibt viele gute und wenig schlechte Gründe dafür, unabhängig davon, ob Menschen, Roboter oder Maschinen am Werk waren, alle Wertschöpfung an der Quelle ihrer Entstehung vom ersten bis zum letzten Euro mit einem einheitlichen Steuersatz zur Finanzierung staatlicher Aufgaben zu belasten. Nicht mehr, aber auch nicht weniger ist und will das bedingungslose Grundeinkommen.

Ein soziales Sicherungssystem, das auf Beiträgen aus Lohneinkommen basiert, ist ein Anachronismus aus der Zeit der Industrialisierung und der ungebrochenen lebenslangen Erwerbsbiografien, als das Arbeitseinkommen des Mannes die wichtigste Quelle eines Familieneinkommens darstellte. Die Individualisierung hat das traditionelle Rollenverständnis und die Solidargemeinschaft der Familie infrage gestellt. Die Arbeitswelt von heute verursacht Brüche und erfordert Auszeiten zur Neuorientierung. Beiden Veränderungen muss ein modernes Sozialsystem gerecht werden. Und eine Verlagerung der Finanzierung der sozialen Sicherung von Lohnbeiträgen auf eine breite Basis, die alle Wertschöpfung dann besteuert, wenn sie zu Einkommen wird, erfüllt genau diese Forderung.

Wie die soziale Marktwirtschaft entbindet das Grundeinkommen die Lohnbildung auf dem Arbeitsmarkt von sozialpolitischen Aufgaben. Der Arbeitsmarkt soll möglichst flexibel auf Verhaltensänderungen beider Seiten – der Arbeitgeber und der Arbeitnehmer – reagieren können. Je besser die Marktwirtschaft funktioniert, desto größer ist der ökonomische Erfolg und desto besser kann den Schwächeren geholfen werden. Eine möglichst unverfälschte Primärverteilung der Einkommen auf der Grundlage freier Märkte erfüllt dieses Ziel. Danach soll eine gerechtigkeitsorientierte Sekundärverteilung auf der Grundlage direkter personenbezogener Eingriffe über Steuern und Transfers erfolgen.

Das bedingungslose Grundeinkommen ermöglicht es, staatliche Maßnahmen zur Arbeitsplatzerhaltung und Regulierungen zur Sicherung von Beschäftigungsverhältnissen zu überdenken, zu reduzieren und gegebenenfalls abzuschaffen. Der Staat muss nicht mehr wie bisher aus Sorge um das Wohlergehen der Betroffenen eingreifen, um den Wegfall von Jobs zu verhindern, die dem Strukturwandel zum Opfer fallen. Niemand wird alleine durch den Verlust des Arbeitsplatzes materiell in Existenznot kommen.

Insbesondere erlaubt das Grundeinkommen, den Kündigungsschutz zu modernisieren. »Wer eine Arbeit hat, soll die Arbeit behalten dürfen«, galt lange Zeit als Leitmotiv für Beschäftigungsverhältnisse. Für eine Industriewirtschaft war das in beidseitigem Interesse. Die Arbeitgeber erhielten Planungssicherheit, die Arbeitnehmer Beschäftigungssicherheit. Die fest am Standort verankerten Fabriken wollten ihrer Belegschaften stetig und ständig sicher sein. So, dass sich Investitionen in betriebsspezifische Aus- und Fortbildung auch wirklich bezahlt machten – rund um die Uhr und ein Leben lang. Das entsprach den Erwartungen der sesshaften Beschäftigten, die in der Nähe ihrer Betriebe Häuser bauten und ihre Kinder zur Schule schickten und somit über die Jahre immobiler und dadurch abhängiger von ihrem Arbeitgeber wurden. Da war ein gut ausgebauter Kündigungsschutz wichtig und richtig.

Was aber ist, wenn Strukturwandel und Digitalisierung dazu führen, dass nicht mehr Konstanz, sondern Wandel das prägende Merkmal von Beschäftigungsverhältnissen ist? Wenn Brüche in der Erwerbsbiografie nicht mehr Ausnahmen sind, sondern zur Regel werden – nicht immer, aber doch manchmal durchaus auch von Arbeitnehmerinnen und Arbeitnehmern so gewollt sind, um Auszeiten nehmen zu können? Dann kann es zunehmend weniger darum gehen, durch rechtliche Eingriffe den Status quo und das Bestehende schützen zu wollen.

Beschäftigungsfähigkeit wird wichtiger als Beschäftigung

In der modernen Arbeitswelt des 21. Jahrhunderts wird es immer wichtiger werden, die Fähigkeit zur Anpassung an sich rasch ändernde Umstände zu fördern. Nicht Employment (also Beschäftigung), sondern Employability (also Beschäftigungs*fähigkeit*) tritt in den Vordergrund. Nicht bestehende Beschäftigung zu schützen, sondern neue Beschäftigung zu ermöglichen, muss das Motto der Zukunft sein. Deshalb ist ein auf Ermächtigung ausgerichtetes Grundeinkommen einer im Nachhinein aktivierenden Sozialpolitik vorzuziehen.

Der Kündigungsschutz ist naturgemäß nicht darauf ausgerichtet, neue Arbeitsplätze zu schaffen. Als Austrittsschranke wirkt er manchmal sogar wie ein Einstellungshindernis. Der gut gemeinte Beschäftigungsschutz kann unter Umständen verhindern, dass neue Beschäftigung überhaupt erst entsteht. Arbeitgeber zögern, neue Mitarbeiterinnen und Mitarbeiter einzustellen, wenn sie die Kosten einer Entlassung nicht verlässlich kalkulieren können. Wenn Arbeitnehmern unter Einhaltung gesetzlich festgelegter Fristen und unter Bezahlung einer im Voraus fix vereinbarten Abfindung leichter gekündigt werden könnte, würden Ein- und Austrittsschranken des Arbeitsmarktes abgebaut.

Das bedingungslose Grundeinkommen bietet den Tarifparteien die Chance, in den Arbeitsverträgen mit der Einstellung auch gleich die Abfindungsregeln beim Auslaufen des Beschäftigungsverhältnisses festzuschreiben. Hier liegen die modernen Aufgaben der Gewerkschaften. Sie sollen ihre Mitglieder unterstützen, kluge Abfindungsregeln abzuschließen. Sinnvoll erscheint eine Vereinbarung, dass sich die Höhe der Abfindung an der Betriebszugehörigkeit bemisst. Pro Jahr der Betriebszugehörigkeit könnte beispielsweise ein Monatsgehalt als Rückstellung gebildet und gegen Insolvenz versichert werden.

Es ist die Sorge vor dem Bedeutungsverlust der Gewerkschaften und des Staates, die viele das Grundeinkommen ablehnen lässt. Sie fürchten, dass die Arbeitgeber mächtig und die Beschäftigten ohnmächtig würden. Die Ängste sind weitgehend unbegründet. Das Grundeinkommen ermächtigt die Menschen, Nein zu sagen, ohne dadurch die eigene Existenz zu gefährden. Sie können Arbeitsangebote ablehnen, wenn sie schlecht bezahlt werden. In diesem Sinne stärkt das Grundeinkommen die Marktmacht der Beschäftigten.

Die Gewerkschaften werden in keiner Weise überflüssig. Im Gegenteil. Gerade weil die neue Arbeitswelt zu einer Erosion des Normalfalles führen wird, steigt für jeden Einzelfall der Bedarf an Information, Beratung und Unterstützung beim Erhalt der Beschäftigungsfähigkeit.

Was Unternehmensberater für die Firmenleitungen und Coaches für die Manager heute schon sind, müssten Gewerkschaften für Betriebsräte und Beschäftigte werden. Sie könnten für hocheffiziente und kompetente Betriebsräte und eine stetige Employability der Beschäftigten sorgen.

Ebenso kann der Staat seine aktivierende Sozialpolitik auf generelle Information und allgemeine Beratung konzentrieren. Er muss nicht mehr selber für Arbeitsbeschaffungsmaßnahmen sorgen. Der Verzicht des Staates, Arbeitsplätze schaffen und erhalten zu wollen, mag für viele wie ein Abbau von Sozialrechten aussehen. Aber es war immer schon ein Irrtum zu glauben, dass der Staat nachhaltige Beschäftigung sichern könnte.

In einer Marktwirtschaft soll der Staat gute Rahmenbedingungen für private Arbeitsverhältnisse schaffen und sich weitgehend aus einer direkten Arbeitsbeschaffungspolitik heraushalten. Alleine schon die Geschwindigkeit des Strukturwandels und das Tempo, mit der die Digitalisierung die Arbeitswelt verändern wird, überfordern eine staatliche Beschäftigungspolitik. Eine agierende Sozialpolitik ist einer reagierenden und eine präventive Sozialpolitik ist einer aktivierenden überlegen. Das wird im Zeitalter der Digitalisierung mehr denn je so sein.

Man kann es drehen und wenden, wie man will: Es zeigt sich, dass Digitalisierung und Individualisierung einen Sozialstaat erforderlich machen, der sich von der Fokussierung auf die Erwerbsarbeit löst, die das Zeitalter der Industrialisierung prägte. Das bedingungslose Grundeinkommen erfüllt auch diese Forderung.

10. Ist das Grundeinkommen gerecht?

Warum erhält auch ein gut bezahlter Professor vom Staat ein Grundeinkommen? Wer so viel Geld verdient, kann doch seine Existenz selbst finanzieren. Dass auch jene, die nicht bedürftig oder in Not sind, Anspruch auf ein Grundeinkommen haben, ist ein schlechter Witz! So lautet ein weit verbreitetes Gegenargument.

Auf den ersten Blick scheint es in der Tat merkwürdig zu sein, dass auch Gutverdienende in den Genuss staatlicher Unterstützung kommen sollen. Ebenso mögen sich einige daran stören, dass staatliche Hilfe nicht nur an jene fließt, die der staatlichen Unterstützung bedürfen, sondern mit der Gießkanne über alle ausgeschüttet wird. Beide Einwände halten einer genauen Prüfung nicht stand.

Warum erhält auch der Professor ein Grundeinkommen?

An einem einfachen Beispiel soll veranschaulicht werden, wieso eine Kombination aus Grundeinkommen und einheitlichem Steuersatz, der auf alle Einkommen unbesehen deren Quelle (also unabhängig davon, ob durch eigene Arbeit oder durch Renditen auf angelegtem Vermögen erwirtschaftet) erhoben wird, zu einer progressiven Besteuerung sowohl bei der Nettosteuerschuld als auch beim Nettosteuersatz führt. Das Beispiel soll offensichtlich machen, dass das Grundeinkommen wie eine Steuergutschrift wirkt und für den überragenden Teil der Bevölkerung eher einem technischen Ablaufprozess der Bezahlung einer Steuerschuld entspricht als einer Steuerrevolution.

Im Beispiel zur Veranschaulichung der Wirkungsweise des bedingungslosen Grundeinkommens geht es um eine Professorin, einen Filialleiter und eine Putzhilfe. Angenommen wird, dass alle drei ein Grundeinkommen von 1000 Euro im Monat oder 12.000 Euro pro Jahr erhalten. Zudem soll ein für alle Einkommensarten gleichermaßen geltender und unabhängig von der Einkommenshöhe konstant bleibender direkter (Brutto-)Steuersatz von 50 % erhoben werden. Wer zahlt am Ende unter diesen Umständen wie viel (Netto-)Steuern und welchen Anteil vom (Brutto-)Gesamteinkommen beanspruchen die (Netto-)Steuerzahlungen?

- Die Professorin mit einem Monatsgehalt von brutto 10.000 Euro und demzufolge einem Jahreseinkommen von 120.000 Euro zahlt – wie alle anderen – 50 % davon, also 60.000 Euro, an Steuern und erhält – wie alle anderen – ein Grundeinkommen von 12.000 Euro. Somit leistet sie eine Nettosteuer von 48.000 Euro, was – bezogen auf das Jahresgehalt von 120.000 Euro – einem Nettosteuersatz von 40 % entspricht. Pro Jahr steht der Professorin also ein Nettoeinkommen von 72.000 Euro zur Verfügung.

- Der Filialleiter mit einem Monatsgehalt von brutto 5000 Euro und demzufolge einem Jahreseinkommen von 60.000 Euro zahlt – wie alle anderen – 50 % davon, also 30.000 Euro, an Steuern und erhält – wie alle anderen – ein Grundeinkommen von 12.000 Euro. Somit leistet er eine Nettosteuer von 18.000 Euro, was – bezogen auf das Jahresgehalt von 60.000 Euro – einem Nettosteuersatz von 30 % entspricht. Pro Jahr steht dem Filialleiter ein Nettoeinkommen von 42.000 Euro zur Verfügung.

- Die Putzhilfe mit einem Monatsgehalt von brutto 2000 Euro und demzufolge einem Jahreseinkommen von 24.000 Euro zahlt – wie alle anderen – 50 % davon, also 12.000 Euro, an Steuern und erhält – wie alle anderen – ein Grundeinkommen von 12.000 Euro. Somit leistet sie eine Nettosteuer von 0 Euro, was auch einem

Nettosteuersatz von 0 % entspricht. Pro Jahr steht der Putzhilfe ein Nettoeinkommen von 24.000 Euro zur Verfügung.

■ Vergleicht man die Professorin mit dem Filialleiter und der Putzhilfe, zeigt sich, dass die Professorin brutto doppelt so viel verdient wie der Filialleiter, netto aber nur 71,4 % mehr. Denn die Professorin zahlt netto mehr Steuern als der Filialleiter, nämlich in absoluten Größen 30.000 Euro mehr (48.000 Euro gegenüber 18.000 Euro), und sie zahlt netto 18.000 Euro mehr Steuern als die Putzhilfe. In relativen Größen wird die Professorin mit einem Nettosteuersatz von 40 % belastet, der Filialleiter nur mit 30 %. Die Putzhilfe wird steuerlich überhaupt nicht belastet. Abbildung 3 veranschaulicht dieses Beispiel. Sie zeigt die Nettosteuereffekte für unterschiedliche durch eigene Leistungen erwirtschaftete (Brutto-)Jahreseinkommen von 0, 12.000, 24.000, 36.000, 48.000, 60.000, 120.000 und 240.000 Euro:

■ Wer weniger als 24.000 Euro verdient, zahlt netto keine Steuern. Im Gegenteil: Er erhält vom Staat Geld – im Maximalfall 12.000 Euro (bei einem Bruttoeinkommen von 0 Euro).

■ Wer mehr als 24.000 Euro verdient, zahlt netto Steuern.

- Die Besserverdienenden zahlen netto mehr Steuern als die Geringverdienenden.

- Die Besserverdienenden werden auch netto relativ stärker belastet. Mit steigendem Bruttoeinkommen steigt der Nettosteuersatz an – nämlich von 0 % bei einem Bruttojahreseinkommen von 24.000 auf 17 % bei 36.000, auf 25 % bei 48.000, und auf 30 % bei 60.000 sowie auf 40 % bei 120.000 Euro Bruttojahreseinkommen. Bei sehr hohen Bruttojahreseinkommen nähert sich der Nettosteuersatz einem Höchstsatz von ca. 50 % an.

- Quintessenz: Das BGE ist ein progressives Steuersystem. Und progressive Steuern gelten als gerechte Steuern (weil die breiten Schultern der wirtschaftlich Starken mehr gemeinsame Lasten tragen müssen als die schmalen Schultern der wirtschaftlich Schwachen).

- Das Grundeinkommen erfüllt somit die gemeinhin als gerecht bewerteten Anforderungen eines Steuersystems.[183]

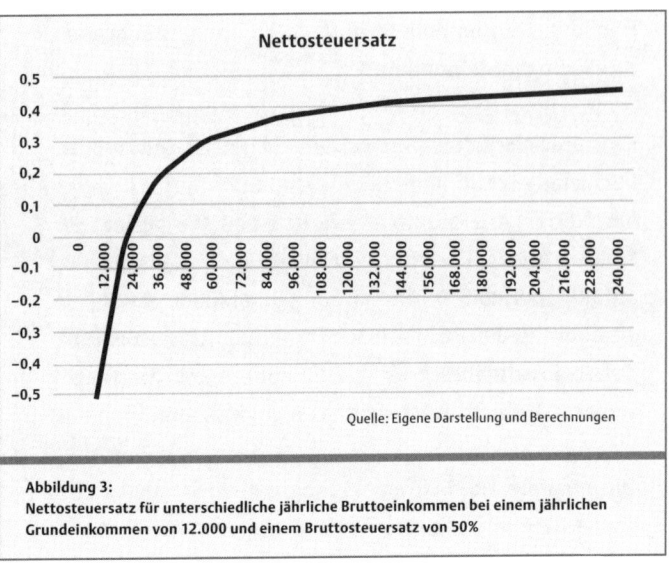

Abbildung 3:
Nettosteuersatz für unterschiedliche jährliche Bruttoeinkommen bei einem jährlichen Grundeinkommen von 12.000 und einem Bruttosteuersatz von 50%

Anders als bei einem flüchtigen Blick vermutet, ist das bedingungslose Grundeinkommen keine Gießkanne, die allen einen warmen Regen beschert. Im Gegenteil: Das Grundeinkommen ist zielgenau. Die Analyse der Nettosteuerbelastung macht klar, dass Schwache unterstützt und Starke belastet werden. Wer kein eigenes Einkommen hat, erhält vom Staat Geld; wer viel Einkommen hat, bezahlt auch (netto) viel.

Des Weiteren macht Abbildung 3 deutlich, dass sich der Nettosteuersatz mit steigendem Bruttoeinkommen immer mehr dem Grenzsteuersatz nähert. Der Grenzsteuersatz ist konstant und entspricht für alle Einkommen dem (ebenso konstant bleibenden) (Brutto-)Einkommensteuersatz (der im Beispiel, das Abbildung 3 zugrunde liegt, 50 % beträgt). Es gibt keine überrissenen und damit leistungsverhindernden Grenzsteuersätze für Personen, die aus der Sozialhilfe oder einer Phase ohne Beschäftigung wieder ins Erwerbsleben zurückkehren.

Schließlich erlaubt Abbildung 3 einen Vergleich der Nettosteuersätze eines fiktiven Beispiels mit der heutigen Realität. Es zeigt sich, dass bei den beispielhaft gewählten Annahmen der Nettosteuersatz (der ja auch dem Nettoabgabensatz entspricht, da es keine Sozialversicherungen und damit keine Sozialversicherungsbeiträge mehr geben würde) deutlich unter dem heutigen Stand liegt. Für hohe Einkommen, weit jenseits der heutigen Sozialversicherungspflichtgrenze, dürften die im Beispiel errechneten Nettosteuersätze eher über dem heutigen Niveau liegen.

Mehr Zeit für Ehrenamt und Familie

Zur gesellschaftlichen Akzeptanz des Grundeinkommens trägt bei, dass niemand mehr stigmatisiert wird, der keine Erwerbsarbeit leistet. Andere Formen von Arbeit werden ebenso anerkannt und honoriert. So gewinnen Familienarbeit und ehrenamtliches Engagement nicht nur an gesellschaftlicher Akzeptanz und Anerkennung. Das Grundeinkommen schafft außerdem die finanzielle Basis dafür, dass gesellschaftlich notwendige Arbeiten, die heute immer mehr vernachlässigt werden, vermehrt geleistet werden können.

Das bedingungslose Grundeinkommen macht es wesentlich leichter, Beruf und Familie zu verbinden. Es verbessert die finanziellen Möglichkeiten, eine Teilzeittätigkeit auszuüben oder vorübergehend keiner Erwerbsarbeit nachzugehen. Diese Auszeiten können vermehrt für die Erziehung der Kinder und die Pflege Angehöriger genutzt werden. Solche außerhalb des Erwerbsprozesses liegenden Tätigkeiten gehen zwar nicht in die Messung des Bruttoinlandsprodukts ein (da dort nur Marktgeschehnisse erfasst werden), sie gehören aber dennoch zur gesamtwirtschaftlichen Wohlfahrt.

Wenn Eltern sich mehr um ihre Kinder kümmern können, verbessern sich die Voraussetzungen für deren positive Entwicklung. Ebenso würde eine vermehrte häusliche Pflege von Alten und Kranken nicht nur ein würdiges Leben für die Betroffenen bedeuten und den sozialen Zusammenhalt von Familien stärken. Zugleich wäre dies eine Kostenentlastung für die Kranken- und Pflegeversicherungen. Diese könnten ihre Mittel auf die »schweren Fälle« konzentrieren, deren Betreuung zu Hause tatsächlich nicht möglich ist.

Aber auch der Wert von Erwerbsarbeit steigt mit dem Grundeinkommen. Denn wenn niemand mehr aus existenziellen Gründen gezwungen ist, zu arbeiten, stärkt das die Motivation. Mitarbeiterinnen und Mitarbeiter, die sich ihre Arbeit selbst wählen und diese nicht unter ökonomischem Zwang leisten müssen, werden sich mit ihrer Arbeit besser identifizieren und sind für die Unternehmen letztlich profitabler. Ein hohes Maß an Freiwilligkeit erhöht in einer arbeitsteiligen Gesellschaft auch die volkswirtschaftliche Effizienz.

Insgesamt wertet das Grundeinkommen sowohl die Erwerbsarbeit als auch bisher nicht bezahlte Arbeiten auf. Beide werden finanziell honoriert – die eine direkt über ein Entgelt, die anderen indirekt über ein Grundeinkommen. Da soziale Sicherheit bedingungslos gewährt wird, wird ein Mentalitätswechsel gefördert, der sowohl die unternehmerische als auch die individuelle persönliche Freiheit stärkt.

Das Grundeinkommen ermöglicht allen Menschen gesellschaftliche Teilhabe und grenzt niemanden aus. Jeder kann sich entsprechend den eigenen Fähigkeiten und der individuellen Lebenssituation in die Gesellschaft einbringen. Das Grundeinkommen gibt einem positiven Menschenbild eine Chance, ohne dieses aber zu bedingen.

Das Grundeinkommen setzt auf Anreize, nicht auf Zwang. Es ermöglicht eine Gesellschaft, die Arbeit nicht nur als Mittel zu dem Zweck versteht, die finanzielle Grundlage der Existenz sicherzustellen. »Sie ist nicht nur Broterwerb, sondern überdies ein wichtiger Faktor der personalen Selbstentfaltung des Menschen.«[184] Dazu gehören neben der Erwerbsarbeit eben auch Tätigkeiten für Familie und Gesellschaft, Ehrenamt und das Engagement jenseits von Angebot und Nachfrage auf dem Arbeitsmarkt.

Chancen für eine Neuorientierung

Natürlich entsteht mit einer Abkehr vom bisherigen Arbeitsethos eine Vielzahl normativer Fragen. »Die durch Arbeit vermittelte Teilhabe an der Gesellschaft gehört zum christlichen Verständnis menschenwürdigen Lebens.«[185] Es gelten das Recht und die Pflicht, durch eigene Arbeit den eigenen Lebensunterhalt zu verdienen. »Wer nicht arbeiten will, der soll auch nicht essen«, ist ein hierzulande tiefverwurzeltes Credo.[186]

Letztlich bietet aber gerade das Grundeinkommen einen Anstoß, normative Werturteile ganz grundsätzlich zu hinterfragen, so oder so und unabhängig von konkreten sozialstaatlichen Modellen. Was erwarten die Menschen von einem Sozialstaat des 21. Jahrhunderts? Was halten sie für gerecht, was für fair? Wie ist mit dem Spannungsfeld von Freiheit und Gerechtigkeit, Effizienz und Verteilung umzugehen? Wie weit soll Solidarität reichen, wie weit Subsidiarität?

Gerechtigkeit hat viele Facetten. Es gibt eine Bedarfs-, eine Chancen-, eine Verteilungs-, eine Leistungs- und eine subsidiäre Befähigungsgerechtigkeit.[187]

Ähnlich vielfältig sind die Meinungen, was unter einer gerechten Sozialpolitik zu verstehen sei. Deshalb hängt die Bewertung, wie weit das bedingungslose Grundeinkommen gerecht ist, stark von der normativen Position ab, die von Person zu Person divergiert. Entsprechend hitzig wird über die Frage der Gerechtigkeit gestritten und werden Definitionen oder Erkenntnisse anderer verworfen.

Wer jedoch aus Gründen der Verteilungs(un)gerechtigkeit das Grundeinkommen ablehnt, macht dieses für Ergebnisse verantwortlich, die nichts mit ihm zu tun haben.[188] Das bedingungslose Grundeinkommen ist ein nüchternes Steuertransfersystem. Zu Vermögens- und Erbschaftssteuern sagt es nichts. Ob viel oder wenig umverteilt werden soll, entscheidet einzig die Politik. Das Grundeinkommen kann beides umsetzen, sowohl eine starke wie eine schwache Umverteilungspolitik.

Nicht nur, dass mit Ralf Dahrendorf ein großer Liberaler »auf der Suche nach einer neuen Ordnung« bei einem »Grundausstattungs-Marktliberalismus« fündig wurde. Es gibt eine Reihe weiterer Bausteine, die zeigen, dass ein Grundeinkommen nicht nur mit dem Leistungsbegriff, sondern durchaus auch mit dem liberalen Freiheitsbegriff vereinbar ist.[189]

Das Grundeinkommen wird weder abschließende Antworten zur Gerechtigkeits- oder Freiheitsdiskussion geben können noch geben wollen. Aber es liefert Referenzwerte, an denen andere Sozialstaatskonzepte zu messen sind. Und hier ist die Wahrscheinlichkeit hoch, dass das bedingungslose Grundeinkommen zwar radikal ist, aber vergleichsweise gerechte und zugleich liberale Lösungswege bietet.

Eine realistische Revolution
des Sozialstaates

»1000 Euro für alle«. Monat für Monat. Einfach so. Vom Staat. Ohne Gegenleistung. Zu naiv, um wahr zu werden? Eine Utopie? Nein! Ein bedingungsloses Grundeinkommen ist möglich und finanzierbar. Es ist radikal, aber eine gerechte, liberale und effektive Antwort auf die Herausforderungen des 21. Jahrhunderts.

888 Milliarden Euro kostet der heutige Sozialstaat.[190] Das sind pro Kopf der Bevölkerung jährlich fast 11.000 Euro, die jedem Einzelnen zur Verfügung stünden. Warum also nicht das Geld nehmen und es den Menschen direkt in Form eines Grundeinkommens geben? Dann könnte eine Vision Wirklichkeit werden.

»1000 Euro für alle« pro Monat anstelle des Sozialstaates von heute. Zugegeben, ein radikaler Systemwechsel. Viele halten das bedingungslose Grundeinkommen für nicht vorstellbar, nicht finanzierbar und nicht gerecht. Für andere ist es ein Schreckgespenst der Arbeitsplatzvernichtung, eine Einladung zur Faulheit und zum Nichtstun.

Manche befürchten, Deutschland würde degenerieren, entweder zu einem Schlaraffenland ohne Arbeitszwang oder zu einem neoliberalen Paradies für Unternehmen, in dem Arbeitnehmer keine Rechte und Gewerkschaften keine (Gegen-)Macht mehr hätten.

Von links wie von rechts wird ein Grundeinkommen kritisch bewertet. Behauptet wird ein Abbau des Sozialstaates, ein Machtverlust der Gewerkschaften und das Ende einer aktivierenden staatlichen Sozialpolitik, die mit mehr oder weniger Druck Menschen zum Arbeiten zwingen will. Die meisten Skeptiker sind sich sicher, dass die Arbeitsmoral leiden, niemand mehr dreckige, gefährliche und schlecht bezahlte Arbeiten erledigen würde und es schlicht nicht finanzierbar sei.

Aber ebenso findet ein Grundeinkommen losgelöst von Ideologie und Parteidoktrin breite und wachsende Zustimmung – vor allem bei Jüngeren und jung Gebliebenen. Viele erkennen, dass Alterung, Digitalisierung und neue gesellschaftliche Verhaltensweisen die Welt so stark und so schnell verändern, dass eine schrittweise Modernisierung des Bestehenden nicht mehr weiterhilft.

Andere verstehen, dass mit der Lebenswirklichkeit des 21. Jahrhunderts vieles so dramatisch anders werden wird, dass ein Sozialstaatskonzept aus den Zeiten des 19. Jahrhunderts einfach nicht mehr die richtige Lösung sein kann. »Statt den unsinnigen Versuch zu unternehmen, die neue Arbeitswelt an die Bismarck'sche Sozialversicherung anzupassen, sollte der Gesetzgeber umgekehrt lieber den Sozialstaat fit für die Zukunft machen. Der Staat sollte sich – anstatt immer neue Leistungen zu gewähren – darauf beschränken, eine Mindestabsicherung zu organisieren.«[191] Diese Forderung umzusetzen, ist Absicht des Grundeinkommens.

»1000 Euro für alle« jeden Monat, das ist eine plausible Größe für ein Grundeinkommen. Sie entspricht den heutigen Ausgaben für den Sozialstaat. Und es bliebe der Politik unbenommen, noch etwas Geld für spezielle Förder- und Fürsorgesysteme in die Hand zu nehmen.[192] Es könnte und müsste insbesondere genutzt werden, um in wohlbegründeten Fällen ein menschenwürdiges Leben zu finanzieren, wenn durch spezifische Notsituationen zusätzliche Leistungen unabdingbar sind.

»1000 Euro für alle« pro Monat ist keine konkrete Forderung, der ausgeklügelte wissenschaftliche Mikrosimulationen mit oder ohne dynamische Anpassungsmechanismen von Menschen, Unternehmen und der Politik zugrunde liegen. Sie ist das plausible Ergebnis einer holzschnittartigen Überschlagsrechnung. So soll eine breite normative Diskussion angestoßen werden, was die Gesellschaft sozialpolitisch will, was sie vom Sozialstaat erwartet, was der Sozialstaat kosten darf und welche Risiken und Chancen mit welchen Optionen verbunden sind.

Das bedingungslose Grundeinkommen ist keine Utopie. Vielleicht ist es eine Vision. Sicher aber ist es eine radikale, jedoch umsetzbare Alternative. Denn es ist gleichzeitig liberal, gerecht und effektiv. Es ist …

- *liberal*, weil es nicht paternalistisch den Menschen vor-
schreibt, wie sie sich zu verhalten haben, um sozialpolitisch unterstützt zu werden. Es setzt auf Eigenverantwortung und verschafft allen gleichermaßen eine
finanzielle Grundausstattung. Eine kluge Sozialpolitik
gibt den Menschen Geld und ermächtigt sie, selbst
zu entscheiden, wofür sie es ausgeben, anstatt sie zu
bevormunden und zu zwingen, etwas zu tun, was sie
nicht wollen;

- *gerecht*, weil Personen mit einem höheren Einkommen
unverändert mehr Nettosteuern zahlen als Personen
mit einem geringeren Einkommen, und zwar in abso-
luter Höhe wie auch in relativem Bezug zum Bruttoeinkommen. Nur wer wenig oder nichts verdient, lebt
auf Kosten der Allgemeinheit. Das ist aber heute nicht
anders;

- *effektiv*, weil es zu einer enormen administrativen Vereinfachung führt und damit einen massiven Bürokratie-
abbau erlaubt. Somit kann Steuergeld, anstatt in Institu-
tionen zu versickern, an Minderbemittelte ausbezahlt
werden. Alle – also auch Selbstständige, Freiberufler,
Beamte und Abgeordnete – werden gleichermaßen in
die Finanzierungspflicht genommen, die willkürlichen
Beitragsbemessungsgrenzen werden abgeschafft. Alle
Einkunftsarten – auch Zinsen, Dividenden, Miet- oder
Pachterlöse und ausgeschüttete Gewinne – werden ein-

bezogen. Eine Besteuerung (der Eigentümer) der Roboter beseitigt die fiskalische Ungleichbehandlung von Mensch und Maschine.

Das 21. Jahrhundert verlangt nach einem Sozialsystem, das dem raschen und stetigen Strukturwandel gerecht wird, Flexibilität und Mobilität fördert, neuen sozioökonomischen Gegebenheiten Rechnung trägt und auf stetige Veränderungen ausgerichtet ist. Weniger denn je darf der Sozialstaat der Zukunft ein bestimmtes sozioökonomisches Verhalten gegenüber anderen Lebensformen bevorteilen und Abweichungen benachteiligen. Denn niemand kann heute bereits erkennen, was in einer oder zwei Dekaden ein Verhalten sein wird, das künftigen Herausforderungen angemessen ist.

Das Grundeinkommen ist keine neue Idee und doch aktueller denn je. Es ist transparent, einfach und kommt mit einem Minimum an Bürokratie aus. Berechtigungsprüfung, Ermittlungs- und Kontrollaufwand zur Sicherung von Ansprüchen, zur Gewährung rechtsstaatlich korrekter Zahlungen und zur Verhinderung von Missbrauch entfallen. Steuererklärungen werden überflüssig, Steueroptimierungsstrategien hinfällig. Das fördert Verständnis, Akzeptanz und damit Steuerehrlichkeit. Und schließlich wird Steuergerechtigkeit möglich.

Das Grundeinkommen ist volkswirtschaftlich effizient, denn es entkoppelt Produktion und Sozialpolitik: Es ermöglicht eine sozialpolitisch motivierte Einkommensumverteilung, ohne in die Marktpreisbildung und damit in den betriebswirtschaftlich effizienten Einsatz von Arbeit und Maschinen einzugreifen. Es führt weg von indirekten Maßnahmen und hin zu direkten Transfers.

Ein Grundeinkommen verhindert wirksam und nachhaltig Einkommensarmut. Es nimmt Menschen Existenzängste und stärkt die Risikobereitschaft. So hilft es ihnen, gelassener und damit mutiger auf die in der Tat gewaltigen Herausforderungen des 21. Jahrhunderts zu reagieren. Es dämpft die Ängste vor dem Strukturwandel und den Ärger, dass einige mehr als andere von den Veränderungen profitieren. Niemand wird in seiner Existenz bedroht. Alle werden in die Solidarpflicht eingebunden – sogar die (Eigentümer der) Roboter. Das bedingungslose Grundeinkommen befreit von lähmenden Zukunftssorgen und setzt kreative Potenziale frei. Es fördert Risikobereitschaft und Unternehmergeist, die eine wesentliche Grundlage für Selbstständigkeit und Innovationen darstellen.

Darüber hinaus stärkt das Grundeinkommen die Selbstorganisationskräfte der Gesellschaft und fördert die Entwicklung dezentraler Problemlösungen. Menschen können eigenverantwortlich entscheiden, anstatt sich von Fremden aktivieren zu lassen. Zu erwarten ist, dass sie besser als andere wissen, was ihnen zusagt und was sie wollen. Somit dürften die Entscheidungen genauer und flexibler ausfallen als von oben gesteuerte staatliche Aktivierungsversuche. Risikoabsicherung und Freiwilligkeit bei der Erwerbsentscheidung ermöglichen einen nachhal-

tigen ökonomischen Erfolg – zunächst für einzelne Personen, in der Summe für die gesamte Volkswirtschaft.

Aber nicht nur Befürworter staatlicher Aktivierungs-
politik und der heute praktizierten Sozialversicherungen
wären gut beraten, ihre Ablehnung des Grundeinkommens zu überdenken. Der fundamentalen Veränderungen
von Globalisierung, Digitalisierung und Individualisierung wegen sollten auch Liberale und Wirtschaftsvertreter nicht auf business as usual setzen und trotzig an
veralteten sozialpolitischen Konzepten festhalten, obwohl
deren gesellschaftliche Akzeptanz schwindet und auch
die ökonomische Effektivität und Effizienz kaum mehr
gegeben sind.

Liberale und wirtschaftsnahe Interessengruppen haben zu lange vernachlässigt, dass Unsicherheit Menschen
lähmt und zu Widerstand gegen Veränderungen mobili-
siert. Zu fest hat man daran geglaubt, dass Umverteilungspolitik unnötig wird, wenn nur Wirtschaft und Beschäftigung rasch genug wachsen.

Die Globalisierung hat nationale Wirtschaftsräume
geöffnet. Die Digitalisierung verändert die Arbeitswelt
in atemberaubendem Tempo. Viele Menschen in westlichen Gesellschaften sind ganz offensichtlich durch die
Geschwindigkeit des ökonomischen, gesellschaftlichen
und demografischen (Struktur-)Wandels verunsichert.
Verlustängste sind die Folgen. Sie führen zu Abwehr und
Abschottung, Protektionismus und Nationalismus. Keine
guten Voraussetzungen für nachhaltigen wirtschaftlichen

Erfolg – weder aus liberaler noch aus makroökonomischer Perspektive.

Wahrnehmung und Erwartung bestimmen menschliches Verhalten. Es sind weniger objektive Fakten als subjektive Bewertungen, die Entscheidungen prägen. Nicht so sehr das, was tatsächlich ist, sondern viel mehr der Glaube, wie etwas werden wird, lässt Menschen so oder anders handeln.[193]

Menschen lassen sich von gefühlten, nicht von tatsächlichen Ungleichheiten und Ungerechtigkeiten leiten.[194] Die Statistiken, die eine wachsende Ungleichheit und eine Öffnung der Schere zwischen Arm und Reich wiedergeben, mögen unzureichend sein.[195] Das ändert aber nicht das Geringste an der subjektiv negativen Einschätzung jener Bevölkerungsgruppen, die sich durch Veränderungen vermeintlich oder tatsächlich als Verlierer fühlen.

Als Folge von kognitiven Verzerrungen gibt es den Wunsch, am Bestehenden festzuhalten.[196] Man kennt, was man hat, und misstraut dem Unbekannten und Neuen. Weil man den Verlust des Bekannten fürchtet, bleiben Veränderungen aus, selbst wenn alle objektiven Daten und Fakten anzeigen, dass nach einer (kurzen) Phase des Trennungsschmerzes das Leben danach besser werden würde.

Klüger ist es deshalb auch aus liberaler Sicht, lieber früher als später eine von alten Tabus losgelöste Modernisierung von Wohlfahrtsstaat, Verteilungspolitik, Teilhabe, Aufstiegschancen und Abstiegsgefahren anzuschieben. Wenn die Wertschöpfung mit viel Technik und wenig

Arbeitskraft erfolgt, dann spricht nichts dagegen, Wertschöpfung (sobald sie bei Arbeit und Maschinen oder Robotern zu Einkommen wird) und nicht alleine Arbeitskraft als Grundlage der Besteuerung zu nehmen und alle an den Vorteilen und nicht nur den Nachteilen neuer Technologien der Digitalisierung teilhaben zu lassen.

Umverteilung von den Gewinnern zu den Verlierern der Digitalisierung ist nicht nur eine Frage von Gerechtigkeit und Fairness. Es hat auch mit Effizienz zu tun. Denn in Gesellschaften mit einer als gerecht empfundenen Verteilung von Einkommen und Vermögen ist die politische Stabilität höher, sind die gesellschaftlichen Kosten zur Vermeidung und Behebung sozialer Konflikte geringer und ist damit das wirtschaftliche Wachstum stärker.[197]

Der Sozialstaat der Zukunft soll sich weniger auf die Reparatur als vielmehr auf die Prävention konzentrieren. Er soll ermächtigen, nicht bevormunden. Er soll Selbstverantwortung und Eigenleistung ermöglichen und nicht Unwillige zu Tätigkeiten aktivieren, für die es im Zeitalter der Digitalisierung immer weniger Bedarf gibt, weil einfache Arbeiten von Robotern und Maschinen billiger und besser erledigt werden können. Deshalb wird auch eine aktivierende Sozialpolitik immer wirkungsloser werden. Sie kann bei Problemen nur reagieren, nicht aber agieren. Das bedingungslose Grundeinkommen bietet hier eher die Chance, Beschäftigungsprobleme zu vermeiden, bevor sie überhaupt erst entstehen.

Natürlich ist der oft vorgetragene Einwand nicht belanglos, das Grundeinkommen sei ein elitäres Konzept, entworfen und unterstützt von Intellektuellen, Freigeistern, Akademikerinnen und Menschen, die mit dem Kopf und aus Spaß arbeiten, weil Arbeit auch Sinn stiften, Kontakte vermitteln, Genugtuung, Erfolg und Anerkennung zur Folge haben kann. Für viele weniger Qualifizierte hingegen, für die Arbeit lästige Pflicht, ungeliebtes Übel und psychische oder physische Schädigung sei, wäre das alles ganz anders.

Ja, das Grundeinkommen setzt auf Leute, die motiviert sind, etwas zu leisten. Denn die Zukunft Deutschlands hängt von den Leistungswilligen und -fähigen ab. Das ist genauso betriebs- wie volkswirtschaftlich zutreffend. In der langen Frist der nächsten Dekaden wird es weder mikro- noch makroökonomisch für den wirtschaftlichen Erfolg und die soziale Stabilität entscheidend sein, ob es gelingt, Menschen, die nicht wollen, zu zwingen, etwas zu tun, was sie nicht können.

Arbeitszwang dient primär als Symbol der Abschreckung. Nachhaltiger mikro- wie makroökonomischer Erfolg wird jedoch nicht durch Gängelung erreicht, sondern durch Innovation und Bildung. »Es ist gewiss kein schönes Los, gegen den Willen von Human-Resources-Managern auf Arbeitsplätzen ausharren zu müssen mit einer Arbeit, die der Wertschöpfung der Firma nicht nennenswert dient.«[198]

Gleiches gilt für die Volkswirtschaft insgesamt: Die Wettbewerbsfähigkeit der Firmen und damit das gesamtwirtschaftliche Wohlstandsniveau werden durch die Kreativen, die Innovativen und die Leistungsträger bestimmt. Sie müssen genauso gefördert werden, wie die Schwächeren gegen Not und Elend abzusichern sind.

Genau deshalb muss eine Sozialpolitik der Zukunft bei der Zukunft der Arbeit ansetzen. Sie muss möglichst vielen Menschen helfen, jene Aktivitäten zu verfolgen, die ihren Fähigkeiten entsprechen und ihnen Spaß bereiten.

Ebenso wichtig aber ist es auch, dass eine Sozialpolitik künftig mehr als in der Vergangenheit auf die kreativen, innovativen, leistungsstarken und leistungswilligen Geister setzt. Sie werden hauptsächlich bestimmen, wie wettbewerbsfähig deutsche Firmen und wie erfolgreich dadurch die deutsche Volkswirtschaft insgesamt sein werden. Die Kreativen, Innovativen, Leistungsstarken sollten weise genug sein zu erkennen, dass ihr (mikro-)ökonomischer Erfolg nachhaltiger ist, wenn sie andere teilhaben lassen, alle abgesichert sind und niemand weniger hat, als er braucht, um ein Leben in Würde finanzieren zu können. »Wenn es zu viel Ungleichheit in einer Gesellschaft gibt, hat das irgendwann Folgen für den wirtschaftlichen Erfolg. ... Die schlimmste Folge von Ungleichheit ist Armut – und die gesellschaftliche Marginalisierung armer Menschen« –, so Anthony Atkinson, einer der gegenwärtig wichtigsten britischen Ökonomen.[199]

Beides – ökonomische Armut und soziale Ausgrenzung – wird durch ein Grundeinkommen weniger wahrscheinlich. Auch deshalb ist es ein vernünftiger Kompromiss zwischen Freiheit und Eigeninteresse auf der einen, Gerechtigkeit und gesellschaftlicher Fairness auf der anderen Seite.

Das bedingungslose Grundeinkommen ist eine radikal gerechte sozialpolitische Revolution. Die Risiken, die ein derart fundamentaler Neuanfang mit sich bringt, gilt es abzuwägen gegen die Risiken des Festhaltens am heutigen System. Für Deutschland zeigt sich, dass das Grundeinkommen den schwierigen Zielkonflikt zwischen ökonomischer Effizienz und sozialer Gerechtigkeit effektiv, gerecht und liberal auflöst.

Ein existenzsicherndes Grundeinkommen ist finanzierbar. Ob seine Einführung schließlich eine Nettoentlastung oder -belastung für die Staatskasse bedeutet, hängt entscheidend von der konkreten Ausgestaltung ab. Maßgeblich dafür ist die Höhe des Grundeinkommens, das wiederum die Höhe der Einkommensteuerbelastung bestimmt. Dabei gilt: Ein hohes Grundeinkommen bedingt hohe Steuersätze, ein niedriges ermöglicht tiefe Steuersätze.

Die genaue Höhe der Mindestsicherung festzulegen, bleibt der Knackpunkt und ist letztlich eine politische Entscheidung. Darüber soll und muss gestritten werden. Das ist im Übrigen auch heute nicht anders, denn auch heute schon legt die Politik das staatlich abzusichernde Existenzminium fest. Die Frage nach dem gewünschten Ausmaß der Umverteilung wird auch durch ein Grundeinkommen nicht abschließend beantwortet. Es macht jedoch die Auswirkungen politischer Entscheidungen transparenter und verbessert so die Möglichkeiten der demokratischen Beteiligung am Aushandlungsprozess.

Ein Grundeinkommen löst viele, aber nicht alle Probleme. Jedoch macht es die meisten Probleme einfacher lösbar. Vor allem öffnet es kommenden Generationen größere Handlungsfreiräume für eine eigenständige Gestaltung ihrer Lebensumstände als jede Alternative.

Die Digitalisierung bietet die historische Gelegenheit, Arbeit menschlicher zu machen. Weder ist es ein Naturgesetz noch ökonomische Notwendigkeit, dass der Mensch mit Existenznot zur Arbeit zu zwingen sei. Neue Technologien erlauben eine Abkehr von alten Denk- und Verhaltensweisen. Diese Chance sollte genutzt werden.

Wenn Maschinen und Apparate, das Internet der Dinge und die künstliche Intelligenz menschliche Arbeit produktiver werden lassen, spricht nichts dagegen, die Erwerbstätigkeit völlig anders – eben menschlicher – zu organisieren. Roboter können harte, stupide, schmutzige und gefährliche Tätigkeiten erledigen. Wo das technisch nicht möglich sein sollte, muss die Unversehrtheit des Menschen zum Ansporn für eine Suche nach neuen, gesundheitsschonenden Technologien werden.

Wenn Menschen nicht mehr aus Existenzgründen schlecht bezahlte, gesundheitsschädigende Jobs annehmen müssen, kann das Grundeinkommen für gewisse Aktivitäten zu höheren Lohnkosten führen. Aber wieso nicht? Wenn tiefe Löhne dem Zwang geschuldet sind, zum nackten Überleben auch Dinge tun zu müssen, die eigentlich niemand tun möchte, werden die langfristigen Schäden sozialisiert. Krankheit, Burn-outs und Arbeitsunfähigkeit verursachen sowohl für die Betroffenen wie auch für die Volkswirtschaft insgesamt immense Folgekosten.

Der Sozialstaat des 21. Jahrhunderts muss den Alltag und die Lebenswirklichkeit von heute und morgen abbilden und nicht einer paternalistisch lenkenden Ideologie der Industriegesellschaft vergangener Tage nachtrauern. Er muss dauerhafte Bildungsanreize, Mobilität und Flexibilität fördern und soll nicht lebenslang ungebrochene Erwerbsbiografien zum Maß aller Dinge machen, die es so immer weniger geben wird.

Wenn sich die Welt rasch dreht, sollte man nicht versuchen, dies zu verhindern. Dann ist es klüger, das Verhalten zu verändern – so, dass den Folgen der Rotation der Schrecken genommen wird. Ein Festhalten an überholten wirtschaftspolitischen Ideologien der Vergangenheit wird die Probleme nicht lösen, sondern beschleunigen. Sich den neuen Gegebenheiten anzupassen, ist eine weisere Entscheidung, als mit ständigen Notreparaturen einen Einsturz instabil gewordener sozialpolitischer Strukturen verhindern zu wollen.

Wenn die Digitalisierung zu einer sich öffnenden Schere der Zunahme von Wachstum und Wertschöpfung einerseits und Arbeitseinkommen andererseits führt, dann ist es sinnvoll, die Produktivitätsfortschritte in Zukunft breiter zu streuen. Psychologie und Verhaltensökonomik können nachweisen, dass bei wirtschaftspolitischen Maßnahmen nicht nur die wirtschaftliche Effizienz entscheidend ist.[200] Ebenso wichtig ist, dass die Bevölkerung die Verteilung der Effizienzvorteile als fair bewertet. Klaffen Einkommen, Vermögen und Chancen innerhalb einer Gesellschaft zu weit auseinander, sinkt die Akzeptanz und Menschen lehnen Markt- oder Politikergebnisse ab, sogar wenn sie sich mit der Ablehnung selbst schaden.

Liberale und Wirtschaftsvertreter sollten offensiv und proaktiv im eigenen ideologischen bzw. ökonomischen Interesse einer verunsicherten Bevölkerung auf Fragen nach Wohlfahrt, Verteilungspolitik, Teilhabe, Aufstiegschancen und Abstiegsgefahren als fair empfundene, tragfähige und nachhaltige Antworten anbieten. Es bedarf eines »Grundausstattungs-Marktliberalismus«, um noch einmal Lord Dahrendorf zu zitieren.[201] Das Grundeinkommen entspricht dieser Forderung und trägt dem demografischen Wandel, der Digitalisierung und der Moderne des 21. Jahrhunderts Rechnung.

Das bedingungslose Grundeinkommen ist beides: Es ist radikal gerecht, aber gleichzeitig eben auch liberal und effektiv. Es bietet einer durch Veränderungen verunsicherten Bevölkerung ökonomische Sicherheit. Dennoch setzt es auf Eigenverantwortlichkeit, Selbstständigkeit, Leistungsbereitschaft und Leistungswille. Wer viel leistet, wird wirtschaftlich besser dastehen als jener, der wenig arbeitet. Wer mehr arbeiten und mehr als das Minimum haben möchte, wird dazu ermächtigt. Natürlich wird nicht jeder die gebotenen Chancen ergreifen. Aber wer will, kann. Das ist ein offensives, proaktives und gleichzeitig liberales wie gerechtes Angebot an alle.

Ein Grundeinkommen ist weder risiko- noch kostenlos. Aber es ist die passende Reaktion auf künftige Herausforderungen. Ein Verzicht auf ein Grundeinkommen wäre langfristig teurer. Zu morsch sind die Fundamente des Sozialstaates geworden, zu stark ist der Veränderungsdruck, den Digitalisierung, demografischer Wandel und neue Verhaltensweisen nachfolgender Generationen hervorrufen. Deshalb ist es zu kurz gedacht, im Grundeinkommen eine unverdiente »Wohltat für alle« zu sehen. Vielmehr ist das bedingungslose Grundeinkommen das zeitgemäße sozialpolitische Konzept für die digitale Welt des 21. Jahrhunderts und damit eine unverzichtbare, radikal gerechte Voraussetzung für einen »Wohlstand für alle«!

Anmerkungen

1 So der Buchtitel des Bestsellers von Ford (2015).

2 Das Konzept der negativen Einkommensteuer wurde von Nobelpreisträger Milton Friedman (1962, S. 157 – 158) vorgeschlagen. Gemeint ist damit, dass im Saldo (also netto) Steuern nur von jenen zu leisten sind, die mehr als einen Schwellenbetrag verdienen. Wer weniger verdient, zahlt netto nicht nur keine Steuern, sondern erhält vom Staat einen Zuschuss – nämlich (netto) bis maximal auf die Höhe des Existenzminimums. Aus der Sicht des Staatshaushaltes wirkt der Nettogeldfluss vom Staat an Personen wie eine negative Steuer (weil als Folge der Staat weniger und nicht mehr Finanzmittel zur Verfügung hat).

3 Sozialversicherungsbeiträge wurden von den Kranken- und Pflegekassen 2016 nur bis zu einer Höchstgrenze des jährlichen Arbeitsentgelts von 50.850 Euro erhoben. Für die Renten- und Arbeitslosenversicherung lag die Beitragsbemessungsgrenze bei 64.800 Euro in den neuen und bei 74.400 Euro in den alten Bundesländern. Vgl. dazu: Bundesregierung (2015).

4 Der konstante Steuersatz ist für ein Grundeinkommen nicht systembedingt unverzichtbar. Das Grundeinkommen ist auch mit variablen Steuersätzen oder mit Stufensteuersätzen vereinbar. Die Konstanz der Steuersätze hat ledig-

lich immense administrative Vorteile. Sie ermöglicht eine einfache Steuererhebung an der Quelle und damit den Verzicht auf eine Steuererklärung.

5 Göbel (2006). Allerdings verweist Schramm (2007, S. 212) auf ein Missverständnis hinsichtlich des Begriffs der Subsidiarität: »Subsidiarität wird von Heike Göbel nur zeitlich konzipiert.« Von der Sache her weitaus wichtiger sei jedoch ein *struktureller Befähigungsbegriff* der Subsidiarität. Demgemäß müssten die Strukturen einer Gesellschaft *»grundsätzlich* so ausgestaltet sein, dass sie *dauerhaft* (und nicht erst dann, wenn die Leute individuell ›erschöpft‹ sind) zu eigenverantwortlichem Handeln befähigen.« Genau dieser Absicht gerecht zu werden, ist (auch) Ziel eines Grundeinkommens.

6 Siebert (2007).

7 Flassbeck/Spiecker/Meinhardt/Vesper (2012), S. 9.

8 Butterwegge (2016).

9 Bischoff (2006).

10 Schäfer (2007), S. 282.

11 Dahrendorf (1986).

12 Das Basic Income Earth Network (BIEN) wurde bereits 1986 als europäische Initiative gegründet und dann 2004 zu einem weltweiten Netzwerk erweitert. Vgl. dazu: BIEN (2016).

13 Das Netzwerk Grundeinkommen (2016) ist der deutsche Zweig des Basic Income Earth Network. Auf der Homepage des Netzwerkes findet sich eine Vielzahl von Informationsquellen unterschiedlicher Art, die es ermöglichen, die Argumente für und gegen ein Grundeinkommen nachzuvollziehen. Das archiv-grundeinkommen (2016) bietet ein Onlinearchiv und damit eine Auswahl der wichtigsten Websites, die sich mit dem Grundeinkommen befassen. Der (gemeinnützige) Verein »Mein Grundeinkommen« sammelt per Crowdfunding Geld für ein Grundeinkommen (vgl. Mein Grundeinkommen 2016).

14 Körber-Stiftung (2016b).

15 Schweizerische Eidgenossenschaft (2016a).

16 Kaiser (2016).

17 Körber-Stiftung (2016b).

18 Spiegel-Titel vom 12.03.2016 (vgl. Spiegel 2016).

19 Zillien/Haufs-Brusberg (2014) sprechen von einer »digital divide« beim Zugang, der Nutzung und der Wirkung neuer Technologien, die sogar zu einer »digital inequality« führen könne.

20 Mattes (2012).

21 Am eindrücklichsten lässt sich der demografische Alterungsprozess der Bevölkerung anhand des Medianalters darstellen, das die Bevölkerung in zwei genau gleich große Teile separiert, sodass die eine Hälfte jünger und die andere Hälfte älter als das Medianalter ist. 1950 lag das Medianalter bei 35 Jahren, zur Jahrtausendwende bei 40 Jahren und 2050 wird es – je nach Zuwanderungsüberschuss und Weiterentwicklung der Lebenserwartung – bei etwa 50 Jahren liegen (vgl. dazu: Statistisches Bundesamt 2016h). Innerhalb eines Jahrhunderts wird somit in Deutschland das Medianalter um 15 Jahre angestiegen sein – ein historisch erstmaliger Vorgang ohne Präjudiz, aber mit enormen Folgewirkungen auf Gesellschaft, Wirtschaft und Politik.

22 Vgl. ausführlich dazu Straubhaar (2016), insbesondere S. 59–74. Als Instrumente zum Gegensteuern wird ein passives Kinder- oder Familienwahlrecht vorgeschlagen. Vgl. dazu auch Wolf/Goldschmidt/Petersen (2015) sowie Adrian (2016).

23 Vgl. Müller/Nezik/Rehage (2016).

24 Reichstagsprotokolle (1888/89).

25 Für alle Daten zur Lebenserwartung und ihrer Entwicklung in Deutschland vgl. Statistisches Bundesamt (2016a), insbesondere S. 15. Zur Einführung und Geschichte der gesetzlichen Rentenversicherung vgl. Schmähl (2014).

26 Börsch-Supan/Breyer (2016). Die von der Bundesregierung beschlossene schrittweise Anhebung des Renteneintrittsalters kompensiert die längere Rentenbezugsdauer als Folge der gestiegenen Lebenserwartung nur in Teilen.

27 Vgl. Statistisches Bundesamt (2016a), S. 19.

28 Vgl. dazu Bundesministerium für Bildung und Forschung (BMBF) (2015).

29 Körber-Stiftung (2016a).

30 European Commission (2015).

31 Lauterbach (2015), Einleitung.

32 Für eine Definition des Begriffs »Generationenvertrag« vgl. Schubert/Klein 2016.

33 Der Altenquotient bildet das Verhältnis der Personen im Rentenalter zu 100 Personen im erwerbsfähigen Alter ab. Bei einem Wert von 20 kommen 5 Erwerbstätige auf einen Senioren, bei einem Wert von 50 sind es 2 und bei einem Wert von 100 ist es einer.

34 Statistisches Bundesamt (2015a), Variante 1 (Kontinuität bei schwächerer Zuwanderung) bzw. Variante 2 (Kontinuität bei stärkerer Zuwanderung).

35 Alle Daten dieses Abschnitts aus: Statistisches Bundesamt (2016h).

36 Göbel (2016).

37 »Altenrepublik Deutschland – werden die Jungen ausgeplündert?« war das Thema in der ARD-Fernsehsendung »hart aber fair« vom 17.11.2014.

38 Schmähl (2014), S. 382.

39 Vgl. Müller/Nezik/Rehage (2016).

40 Vgl. Scherff (2015). Die Deutsche Bundesbank (2016) hat dargestellt, wie sich unterschiedliche langfristige Zinsentwicklungen auf die Erwartungen an die »Riester-Rente« auswirken. Wird von dem aus heutiger Sicht eher zu optimistischen Zinsniveau von 4 % abgewichen, sinken die erwarteten positiven Beiträge zur Altersvorsorge drama-

tisch ab, und bei einem Kapitalschutz-Szenario könnte die Riester-Rente lediglich mithelfen, »das Gesamtversorgungs-niveau etwa ab dem Jahr 2035 bei 48,5%« zu stabilisieren (a.a.O. S. 76).

41 Prognos (2016), Tabelle 1, S. 4.

42 Vgl. Werding (2016), S. 19. Ebenso Deutsche Bundesbank (2016).

43 Es gibt aus heutiger Sicht keinen Grund zu übertriebe-nem Pessimismus. Aber selbst wenn Vollbeschäftigung erreicht werden sollte, genügt es nicht, wenn Menschen nur eine Arbeit haben. Sie müssen hoch produktiv arbei-ten. Nur dann wird ab 2030 der Durchschnittverdienst der Beschäftigten so hoch sein, dass die 1970er-Generatio-nen mit einer Standardrente von 44% des durchschnittli-chen Lohns dereinst als Seniorinnen und Senioren auch mehr als das Existenzminimum werden finanzieren können.

44 Werding (2016), S. 19. Börsch-Supan/Bucher-Koenen/ Rausch (2016b) bestätigen die Ergebnisse von Werding (2016) weitgehend. Sie kommen ebenso zum Ergebnis, dass die Rentenversprechen bis 2030 gesichert sind, dass aber der Beitragssatz ab 2031 die 22%-Marke überschreiten und das Nettorentenniveau vor Steuern ab 2036 die 43%-Grenze unterschreiten würde und nur eine automatische Anpas-sung der altersabhängigen Parameter an die Lebenserwar-tung das Sicherungsniveau dauerhaft über 43% halten kann, ohne dass es zu einer Erhöhung des Beitragssatzes über 23% kommen müsste.

45 Vgl. dazu: Straubhaar (2016), Mythos 3, S. 65–67.

46 Vgl. dazu die ausführlichen Darlegungen in Straubhaar (2016), S. 75–86.

47 Vgl. Statistisches Bundesamt (2015b), Tabelle 1: Entwick-lung der Bevölkerung Deutschlands bis 2060, Modellrech-nung: Wanderungssaldo 300.000, S. 268.

48 Vgl. exemplarisch hierzu: Brynjolfsson/McAfee (2012 und 2014).

49 Ford (2015).

50 Ford (2015).

51 So auch bei Rifkin (2004).

52 Während die jährliche Arbeitszeit flächendeckend im historischen Langzeitvergleich reduziert wurde, ist bei der Lebensarbeitszeit der Trend nicht so eindeutig; weil die Deutschen länger gesund bleiben, arbeiten sie auch zunehmend bis ins fortgeschrittene Alter.

53 Zitiert nach: Dahrendorf (2003), S. 58.

54 Eckert (2016) zitiert eine Studie der Metasuchmaschine Joblift und eine Analyse des Finanzinstituts ING DiBa, die zusammengenommen zur Prognose führen, dass Roboter mehrere Millionen Jobs vernichten werden, die nur zu einem vergleichsweise geringen Teil durch neue Beschäftigungsmöglichkeiten kompensiert werden könnten.

55 Vgl. Frey/Osborne (2013) und eine Kurzfassung davon bei Pennekamp (2014).

56 Vgl. dazu: Bernstein/Raman (2016).

57 Lotter (2005).

58 Das war die grundsätzliche Erkenntnis von Brynjolfsson/McAfee (2014).

59 Solow (2013), S. 77.

60 Die aus Erkenntnissen der Psychologie befruchtete Verhaltensökonomik hat in vielen empirischen Studien nachgewiesen, dass Menschen fair behandelt werden wollen (vgl. dazu die Einzelbeiträge in Fehr/Schwarz [2002] sowie Frey [2005], S. 239). Bewerten sie ein Vorgehen als unfair, lehnen sie Kompromisse ab, selbst wenn sie sich mit der Ablehnung selber schaden.

61 Eine Alternative zu höheren Arbeitseinkommen könnte sein, die Beschäftigten in Form von Beteiligungsmodellen an der durch Automaten ermöglichten Produktivitäts-

zunahme teilhaben zu lassen (vgl. dazu Blasi/Free-man/Kruse 2013). Dann würden Arbeitnehmerinnen und Arbeitnehmer dank der steigenden Kapitalerträge von den Vorteilen der Digitalisierung profitieren.

62 Liessmann (2016).

63 So schlägt der Vorstandsvorsitzende der Deutschen Post, Frank Appel, vor, »zum Beispiel bei Arbeit, die von Menschen geleistet wurde, auf die Mehrwertsteuer [zu] verzichten – und nur die Arbeit von Robotern [zu] besteuern«; zitiert nach Gersemann; Nicolai (2016).

64 Industrieanlagen waren ortsgebunden und weitgehend immobil. Und die weit mobilere Arbeit musste zu den Fabriken und Produktionsstätten ziehen. Da hatte der Fiskus vergleichsweise leichtes Spiel, auf die Einkommen der Belegschaften Zugriff zu nehmen.

65 Vgl. dazu Grömling (2016). Er zeigt, dass insbesondere in Übergangsphasen technologischer Neuerungen merkliche Dämpfeffekte auf die statistisch erfassbare (bzw. erfasste) Produktion zu erwarten sind, da »ein Teil der neuen Güter nicht in den Volkswirtschaftlichen Gesamtrechnungen erscheint, die negative Substitutionseffekte jedoch dort voll sichtbar sind« (a.a.O., S. 139).

66 Exemplarisch lässt sich die Steuervermeidungsstrategie am Streit der EU-Kommission mit Apple veranschaulichen. Apple lässt einen erheblichen Teil des weltweiten Geschäfts über Tochterunternehmen in Irland laufen. Aus Sicht der EU-Kommission versteuerte Apple dadurch nur 50 Millionen Euro Gewinn in Irland anstatt über 13 Milliarden Euro, die an sich in Europa zu entrichten gewesen wären (vgl. dazu: Kwasniewski 2016).

67 Das Quellensteuerkonzept des Grundeinkommenskonzepts ermöglicht es, alle ausgeschütteten Gewinne als Steuerbasis zu erfassen, also auch diejenigen, die an im Ausland lebende Eigentümer fließen.

68 Beck (2001). »Die Individualisierung rückt das Selbstgestaltungspotenzial, das individuelle Tun ins Zentrum« – so Beck (2001, S. 3). Sie erlaubt eine Loslösung Einzelner aus traditionellen Bindungen (Familie) und Gruppierungen der Zugehörigkeit (Gemeinden). Stattdessen erfolge eine zeitweilige (und eben nicht mehr lebenslange) Einbindung in nichtfamilialen Netzwerken und neuen Milieus.

69 Statistisches Bundesamt (Destatis) (2016a).

70 Müller / Nezik / Rehage (2016).

71 Hurrelmann (2016).

72 Statistisches Bundesamt / Bundeszentrale für politische Bildung (2004), S. 40.

73 Alle Daten dieses Abschnitts stammen aus: Statistisches Bundesamt / Wissenschaftszentrum Berlin für Sozialforschung / Bundeszentrale für politische Bildung (2016), insbesondere Kapitel 2 (Familie, Lebensformen und Kinder).

74 Vgl. dazu verschiedene Studien des Bundesinstituts für Bevölkerungsforschung (BiB) (2013) im Rahmen des Forschungsprojekts »Familienleitbilder in Deutschland«. Die wichtigsten Ergebnisse sind zusammengefasst publiziert in: Schneider / Diabaté / Ruckdeschel (2015).

75 Bundesinstitut für Bevölkerungsforschung (BiB) (2012).

76 Diabaté / Junck / Thiel (2015), S. 9.

77 Vgl. Diabaté (2015).

78 Statistisches Bundesamt (2016d). Bemerkenswert ist, dass der Trend eher in Richtung weniger als mehr Scheidungen geht. So lag die Wahrscheinlichkeit, dass eine Ehe geschieden wird (berechnet auf der Grundlage ehedauerspezifischer Scheidungsziffern), Anfang der 2000er-Jahre noch bei weit über 40 % bei steigender Tendenz. 2015 waren es nur noch 34,7 % und der Trend ist weiter fallend mit einem Rückgang 2015 von 0,6 % gegenüber 2014 und insgesamt mehr als 4 % seit Beginn des laufenden Jahrzehnts.

79 Statistisches Bundesamt (2016e).

80 Statistisches Bundesamt/Wissenschaftszentrum Berlin
für Sozialforschung/Bundeszentrale für politische Bildung
(2016), S. 45.

81 Statistisches Bundesamt (2016c).

82 Statistisches Bundesamt (2016b).

83 Statistisches Bundesamt/Wissenschaftszentrum Berlin für
Sozialforschung/Bundeszentrale für politische Bildung
(2016), S. 51–52. Der Datenreport 2016 belegt eindrücklich,
dass dem Zusammenleben mit anderen gegenüber dem
Alleinsein der Vorzug gegeben wird und dass die Familie
unverändert als zentraler Faktor für das persönliche Glück
empfunden wird. Gerade bei jungen Westdeutschen bis
30 Jahre ist seit den 1980er-Jahren der Stellenwert der
Familie gestiegen. Deshalb drückt der Wandel der familia-
len Lebensformen mit einer Zunahme von Singles und
sogenannten alternativen Familienmodellen »einerseits
zwar eine gestiegene Wahlfreiheit aus, im Hinblick auf das
subjektive Wohlbefinden lassen sich allerdings auch negative Entwicklungen identifizieren, die mit der weiteren
Verbreitung dieser spezifischen Lebensformen an Gewicht
gewonnen haben«. Statistisches Bundesamt/Wissen-
schaftszentrum Berlin für Sozialforschung/Bundeszentrale
für politische Bildung (2016), S. 77.

84 »Der sogenannte ›Eckrentner‹, sozusagen der Rentner Herr
Mustermann, hat mit einem Durchschnittseinkommen
45 Jahre lang in die Rentenversicherung eingezahlt und
bekommt im Monat 1263 Euro brutto«, so beschreibt die
Deutsche Rentenversicherung (2013, S. 18) einen fiktiven Modelldeutschen, der allen Charakteristika eines
deutschen Normalfalls gerecht wurde. Hingegen hatte
bereits Geißler (2010) angemahnt zu hinterfragen, ob der
»Eckrentner« heute noch zeitgemäß sei oder ob er zum
praxisfernen Konstrukt mutiert sei. Im Rentenlexikon

(Deutsche Rentenversicherung 2015, S. 33) wird auf den »Standardrentner« verwiesen (der als Terminus technicus den des »Eckrentners« verdrängt, aber inhaltlich genau das Gleiche meint), der »als theoretische Orientierungsgröße genutzt« wird, »ein Durchschnittsverdiener mit 45 Jahren versicherungspflichtiger Beschäftigung ist und für seine Rente genau 45 Entgeltpunkte erworben hat« (Seite 99).

85 GDV (2016).

86 Feld/Kohlmeier/Schmidt (2016), S. 4.

87 Zum Wechselspiel von Solidaritäts- und Subsidiaritätsprinzip vgl. Schramm (2008) und Fetzer (2007).

88 Nur der Korrektheit halber sei daran erinnert, dass beim Umlageverfahren die Einzahlungen der jeweils gerade aktiven Erwerbsgeneration (Beiträge der Versicherten und Arbeitgeber sowie Zuschüsse aus dem Bundeshaushalt) für die laufenden Rentenzahlungen verwendet werden. Die Versicherten von heute erhalten im Gegenzug einen – verfassungsrechtlich geschützten – Anspruch auf Rente im Alter, der dann von der nächsten Beitragszahlergeneration finanziert werden muss.

89 Das Beispiel des Dachdeckers wird hier und bei weiteren Gelegenheiten bemüht, weil der damalige rheinland-pfälzische Ministerpräsident Kurt Beck den Dachdecker als Argument gegen die Anhebung des Rentenalters auf 67 Jahre instrumentalisierte und damit Massendemonstrationen auslöste, weil »es keinem Dachdecker zuzumuten [sei], noch mit 67 Jahren über den Dachfirst zu klettern« (n-tv 2006). Natürlich ist das Dachdeckergewerbe ein rundum unverzichtbarer, ehrenwerter Wirtschaftszweig. Es geht hier nur um das Argument, dass in der Ausübung dieses Berufs nichts bleiben muss, wie es war, und wohl auch nichts bleiben wird, wie es ist. Ein Argument, das nicht spezifisch für den Beruf des Dachdeckers ist, sondern für jede andere Aktivität genauso gilt.

90 Palla (2014). Der Abdecker war mit dem Abhäuten (= Abdecken), der Beseitigung und Verwertung von Tierkadavern beschäftigt. Der Ameisler sammelte die Puppen von (Wald-)Ameisen, um sie als Futter für Stubenvögel und Zierfische zu verkaufen. Der Lederer verarbeitete tierische Häute und Felle mit Gerbstoffen zu Leder.

91 So der alarmistische Aufruf des Westdeutschen Rundfunks (WDR 2016), wonach in Deutschland ab 2030 jeder zweite Rentner von Altersarmut betroffen sein wird. Nach Börsch-Supan/Bucher-Koenen/Rausch (2016a) beruht die WDR-Prognose auf einem Denkfehler, weshalb sie als fachlich falsch zurückzuweisen sei. Der größte Fehler entstand, weil der WDR aus Querschnittsdaten zu Erwerbsbeteiligung und Löhnen in einem Jahr Längsschnittresultate abgeleitet hat, die sich über die gesamte individuelle Erwerbsphase erstrecken; vgl. dazu Werding (2016), S. 17. Das ändert aber nichts daran, dass das Thema Altersarmut in Deutschland zu einem zunehmenden Problem werden wird und »erhöhte Aufmerksamkeit geboten« ist (Börsch-Supan/Bucher-Koenen/Rausch [2016a]). Insbesondere auch weil einzelne Personengruppen mit gebrochenen Erwerbsbiografien und entsprechend fehlenden Beitragsjahren und »Entgeltpunkten«, wie (Langzeit-)Arbeitslose und Frauen mit langen Zeiten der Kinderbetreuung und Haushaltsarbeit im Scheidungsfalle, in hohem Maße von Altersarmut bedroht werden. Vgl. dazu auch das Dossier der Bundeszentrale für politische Bildung (2016).

92 Böll (2009). Andere halten die Kostenexplosion im Gesundheitswesen für einen Irrglauben, so die Bertelsmann-Stiftung (2010).

93 »Der Pflegenotstand ist für viele Menschen bereits im Alltag zu spüren. Er ist akut«, so die Heinrich-Böll-Stiftung (2014).

94 Bundesministerium für Arbeit und Soziales (2016a), S. 13 (Tabelle II).

95 Deutsche Rentenversicherung (2016).

96 Ehrentraut (2016). Bis zum Jahr 2020 ist eine Untergrenze von 46 % und bis zum Jahr 2030 von 43 % gesetzlich festgelegt. Die Prognos-Ergebnisse (2016) gehen in der Tendenz konform mit den Simulationen von Werding (2016).

97 Bundesministerium für Arbeit und Soziales (2016b), S. 10.

98 Prognos (2016), Tabelle 1, S. 4. Bis zum Jahr 2020 ist eine Obergrenze von 20 % und bis zum Jahr 2030 von 22 % gesetzlich festgelegt. Zu ähnlichen Prognosen kommen mit leicht anderen Voraussagen sozioökonomischer Variablen Börsch-Supan/Bucher-Koenen/Rausch (2016b) und Werding (2016).

99 Börsch-Supan/Breyer (2016).

100 Beispielsweise betrachten viele Patienten die Gesundheitsleistungen als »quasi öffentliches« Gut, das unbeschränkt und scheinbar kostenlos zur Verfügung steht. Wenn Patienten und Versicherte in der Inanspruchnahme von Gesundheitsleistungen nicht beschränkt sind, steigt die Nachfrage nach Gesundheitsleistungen bei individuellen Grenzkosten von (nahezu) null bis zur »Sättigungsgrenze«. Individuelle und kollektive Rationalität fallen hier also auseinander. Das erklärt den »Allmendegut«-Charakter bzw. die »Null-Preis-Illusion« von Gesundheitsleistungen.

101 Sachverständigenrat (2004), S. 255–260. Der »reine Demografieeffekt« (also dass die Bevölkerung in Deutschland demografisch altert) spielt dabei eine vergleichsweise schwache Rolle. Eher schon wichtig ist der »Fortschrittseffekt«, wonach die Gesundheitsausgaben für Ältere stärker ansteigen als für Jüngere, da die Inanspruchnahme von technologisch teuren, lebensverlängernden Maßnahmen mit dem Alter zunimmt. Von entscheidender Bedeutung jedoch sind das Wirtschaftswachstum und die Bevölke-

rungsentwicklung. »Ein höheres Wachstum und eine Zunahme der Beschäftigung beziehungsweise der Erwerbsneigung erhöhen die beitragspflichtigen Einkommen und machen es eher möglich, die Belastungen aufgrund der demographischen Entwicklung und des medizinisch-technischen Fortschritts zu schultern.« (Sachverständigenrat 2004, S. 260). Weil sich in den letzten Jahren in der Tat die Beschäftigungslage in erfreulich positiver Weise entwickelt hat, konnte die strukturelle Einnahmenschwäche der GKV überdeckt werden, die Nachhaltigkeit der Finanzierung jedoch bleibt unverändert ein Problem. Vgl. dazu die Beiträge im Wirtschaftsdienst (2014).

102 Zur fehlenden Finanzierungsbasis des Gesundheitssystems und der gesetzlichen Krankenversicherung vgl. Wasem et al. (2014) und Greß (2014) im Wirtschaftsdienst (2014).

103 Greß (2014), S. 9.

104 Vgl. dazu Wasem (2016).

105 Vgl. dazu Müller-Armack (1950). Der Begriff der sozialen Irenik sagt, dass es eine Versöhnung zwischen Marktwirtschaft und Gerechtigkeit, zwischen Effizienz und Umverteilung und zwischen dem primären Einkommen auf der Grundlage der individuellen Leistungsfähigkeit und dem sekundären Einkommen auf der Grundlage der individuellen Bedürfnisse gibt. Zum Begriff der sozialen Irenik siehe Quaas (2005), S. 408–411.

106 Müller-Armack (1956).

107 Vgl. dazu ausführlich Hüther/Straubhaar (2009).

108 Vgl. dazu Bundesfinanzministerium (2015).

109 Zu den Vorteilen, wenn »die Sozialpolitik universell gestaltet wird und Sozialleistungen nicht an bestimmte Kriterien gebunden sind«, vgl. Schipper (2014) in einem Interview mit der Harvard-Professorin Michèle Lamont.

110 So hat beispielsweise der damalige Ministerpräsident Thüringens, Dieter Althaus, dafür plädiert, dass Kinder bis

zum 18. Lebensjahr ein »Kinderbürgergeld« von monatlich 300 Euro erhalten sollten, über 18-Jährige jedoch 600 Euro. Vgl. Althaus (2007), S. 3.

111 Dass ein solches Vorgehen auch mit Europarecht konform bleibt und bei der Sozialpolitik für Ausländerinnen und Ausländer ein Übergang vom Wohnsitzland- zum Herkunftslandprinzip möglich ist, hat sich bei den Verhandlungen der EU-Kommission mit dem Vereinigten Königreich im Vorfelde des Brexit-Referendums gezeigt, als ein entsprechender Wechsel vereinbart wurde. Ähnliche Überlegungen wurden mittlerweile auch im Bundesministerium für Arbeit und Soziales umgesetzt, und EU-Ausländer sollen künftig fünf Jahre warten müssen, bis sie Anspruch auf Sozialhilfe haben (vgl. dazu Menkens 2016).

112 Der Gesetzgeber kann problemlos bestimmen, wie der Prozentsatz auszugestalten ist und ob er linear oder progressiv verlaufen soll.

113 Noch einmal zur Erinnerung: Der konstante Steuersatz ist für ein Grundeinkommen nicht systembedingt unverzichtbar. Das Grundeinkommen ist auch mit variablen Steuersätzen oder mit Stufensteuersätzen vereinbar. Die Konstanz der Steuersätze hat lediglich immense administrative Vorteile. Sie ermöglicht eine einfache Steuererhebung an der Quelle und damit den Verzicht auf eine Steuererklärung. Eine Steuererklärung muss dann nur noch für im Ausland erworbenes Einkommen erfolgen (da das Ausland nicht für den deutschen Fiskus die Quellensteuer für deutsche Steuerangehörige einsammeln dürfte). Dabei gilt auch für das Auslandseinkommen, dass das erwirtschaftete Bruttoeinkommen mit dem für alle Einkommen geltenden Satz besteuert wird.

114 Das gilt auch für Auslandseinkommen, die – dem Nettoprinzip folgend – ohne Abzugsmöglichkeiten besteuert werden.

115 Es bleibt der Politik unbenommen, Ausnahmen zu ermöglichen, beispielsweise für Härtefälle aufgrund physischer
oder psychischer Beeinträchtigungen, die für die Betroffenen zusätzliche Kosten für Behandlungen oder bauliche
Maßnahmen erforderlich machen. Beispielsweise ließe
sich ein Multiplikationsverfahren des Grundeinkommens
ähnlich dem Grad der Behinderung bei der Feststellung
der Voraussetzungen für Leistungen nach dem Neunten
Sozialgesetzbuch – Rehabilitation und Teilhabe behinderter
Menschen (SGB IX) – vorstellen.

116 Als Ausnahme verbleibt die Steuererklärung für im
Ausland erwirtschaftetes Einkommen.

117 Die empirische Erfahrung mit direkt-demokratisch festgelegten Steuersystemen (beispielsweise in der Schweiz)
zeigt, dass die Steuerehrlichkeit steigt, wenn die Bevölkerung das Gefühl hat, dass das System fair, verständlich und
transparent ist. Vgl. dazu Weck-Hannemann/Pommerehne
(1989) und Pommerehne/Weck-Hannemann (1992). Frey/
Feld (2002), S. 23 zeigen, dass »taxpayers respond in a
systematic way to how the tax authority treats them. In
particular, the taxpayers' willingness to pay their taxes,
or tax morale, is supported, or even raised, when the tax
officials treat them with respect. In contrast, when the tax
officials consider taxpayers purely as ›subjects‹ who have to
be forced to pay their dues, the taxpayers tend to respond
by actively trying to avoid taxation.«

118 Als »Eigernordwand«-Phänomen hat Sinn (2003, S. 180)
das kontraproduktive Phänomen bezeichnet, dass sich als
Folge von deutlichen Transferentzügen bei Arbeitsaufnahme das verfügbare Nettoeinkommen nicht nennenswert
erhöht. Wenn von einem Bruttozuverdienst von 1000 Euro
ein Arbeitslosengeldempfänger nur ein Viertel netto mehr
an Kaufkraft hat, sind die Anreize zur Aufnahme einer
regulären Arbeit gering. Leistung lohnt sich zu wenig.

Es kommt zu einer »Arbeitslosenfalle«, die rasch auch zu einer »Armutsfalle« werden kann.

119 Der Grenzsteuersatz gibt an, welcher Prozentsatz von einem zusätzlich erworbenen Euro an den Staat abzuliefern ist und mithin dem Leistungserbringer entzogen wird.

120 Beim Grundeinkommenskonzept entspricht der Grenzsteuersatz immer dem für alle Einkommen geltenden gleichen und gleichbleibenden Einkommensteuersatz. Beim heutigen progressiven Steuersystem steigt der Grenzsteuersatz von 15 % für jährliche Einkommen von 9000 Euro bis auf 44 % für jährliche Einkommen über 53.000 Euro.

121 Mit »Paternalismus« ist gemeint, dass Staatsvertreter oder Interessengruppen vorgeben, zu wissen, was andere als richtig, wünschens- und erstrebenswert bewerten. Es entspricht einer autoritären Bevormundung anderer und strebt danach, Menschen zu ihrem Glück zu zwingen. Wer Zwang für einen schlechteren Ratgeber hält als freie Entscheidungen mündiger Bürgerinnen und Bürger, steht dem Paternalismus kritisch gegenüber. Auch weil es einer »Anmaßung des Wissens« entspricht, besser zu wissen als die Betroffenen selber, was denn letztlich Menschen glücklich mache.

122 Häni/Kovce (2015b).

123 Es ist diese klare Trennung in »Allokation« (Entstehung) und »Distribution« (Verteilung), die Sozialdemokrat(inn)en und Gewerkschafter(innen) das Grundeinkommen ablehnen lassen (vgl. dazu Flassbeck/Spiecker/Meinhardt/Vesper (2012).

124 In seiner Antrittsvorlesung an der Universität München hat Sinn (1986) herausgearbeitet, inwieweit eine höhere Risikobereitschaft zu einem höheren Wohlstand führt und wie durch Versicherungsmärkte, staatliche Umverteilungsmaßnahmen und private Vermögensbildung die Risikotoleranz erhöht werden kann.

125 Das Konzept der negativen Einkommensteuer wurde von Nobelpreisträger Milton Friedman (1962, S. 157–158) vorgeschlagen. Zur negativen Einkommensteuer vgl. auch Spermann (2001).

126 Kumpmann (2006), S. 46.

127 An dieser Stelle geht es nicht darum, ob die Mitversicherung von Ehefrauen gerecht sei oder nicht. Der entscheidende Punkt ist: Wenn eine Mitversicherung von Ehefrauen gesellschaftlich gewünscht wird, stellt sich die Frage, warum dann nur die Sozialversicherungspflichtigen und nicht alle für eine sozialpolitisch gewollte Umverteilung bezahlen sollen.

128 Traut der Staat seinen Angehörigen nicht zu, selbstverantwortlich die für sie richtigen Spar- und Versicherungsentscheidungen zu treffen, kann er für alle bis zu einem bestimmten Alter – beispielsweise 65 oder 67 oder 70 – eine Zwangsversicherung auf alle Einkommen verbindlich anordnen. Aber eigentlich könnte er es allen selber überlassen, festzulegen, wie lange sie während ihrer aktiven Zeit wie viel ansparen wollen, um damit im Ruhestand einen gewünschten Lebensstandard finanzieren zu können. Mit einem Grundeinkommen brauchte es weder ein gesetzliches Renteneintrittsalter noch einen gesetzlichen Rentenbeitrag. Alle könnten beides selbstbestimmt und selbstverantwortlich festlegen.

129 Vgl. dazu das federführende Bundesfinanzministerium (2015).

130 Bundesfinanzministerium (2015), S. 1. Neben dem sozialhilferechtlichen Sachbedarf gehört auch der Versorgungsbedarf für den Krankheits- und Pflegefall, insbesondere entsprechende Versicherungsbeiträge, zum Existenzminimum – auch für Kinder. Die Höhe des Existenzminimums orientiert sich an den Kosten des Lebensunterhalts, berechnet auf der Basis einer gesamtdeutschen

Verbrauchsstruktur. Hilfe zum Lebensunterhalt umfasst auch Bildungs- und Teilhabeleistungen für Kinder sowie – unter dem Vorbehalt der Angemessenheit – die jeweiligen tatsächlichen Wohnkosten (Kosten für Unterkunft und Heizkosten). Dazu kommen gesondert zu beantragende Teilhabeleistungen sowie Sonder- oder Mehrbedarfe (dazu zählen für Kinder und Jugendliche Leistungen für Lernförderung, mehrtägige Klassenfahrten, Zuschüsse zum Schulmittagessen und zu den Schülerbeförderungskosten und für Erwachsene Leistungen für Erstausstattung der Wohnung, Erstausstattung mit Bekleidung, Erstausstattung bei Schwangerschaft und Geburt, Anschaffung und Reparaturen orthopädischer Schuhe, Reparaturen therapeutischer Geräte und Ausrüstungen oder Miete therapeutischer Geräte).

131 Schramm (2007), S. 207.

132 Zum Zusammenspiel zwischen Solidarität und Subsidiarität vgl. Schramm (2008), S. 186–190 sowie Fetzer (2007).

133 Zur »uralten Idee« eines Grundeinkommens vgl. Werner/Goehler (2010), S. 21–36. Ausführlicher dazu: Vanderborght/Van Parijs (2005), Teil I (Eine neue Idee?), S. 14–36.

134 Rhys-Williams (1943, S. 138): »The State owes precisely the same benefits to all of its citizens, and should in no circumstances pay more to one than to another of the same sex and age, except in return for services rendered.«

135 Friedman (1962, S. 157). Offen blieben für Friedman die Fragen, »in welchem Umfang« und »in welcher Form« staatliche Unterstützung gewährt werden soll. Zur Höhe äußerte er sich dahingehend, dass das primär eine politische Entscheidung sei (auch wenn die Folgekosten ökonomische Verwerfungen erzeugen könnten). »It would be possible to set a floor below which no man's net income … could fall … The precise floor set would depend on what the community could afford.« (Friedman 1962, S. 158)

Fairerweise muss erwähnt werden, dass Friedman selber wohl nicht ein Grundeinkommenskonzept verfolgte, bei dem ohne Bedingungen ein Grundeinkommen an alle fließt, sondern eher ein »Kombi«-Modell, das sich an Erwerbstätige richtete, deren eigene Leistungsfähigkeit nicht genügt, um die eigene Existenz finanzieren zu können. Für diese Sicht spricht das Zitat, dass »like any other measures to alleviate poverty, it reduces the incentives of those helped to help themselves, but it does not eliminate that incentive entirely, as a system of supplementing incomes up to some fixed minimum would. An extra dollar earned always means more money available for expenditure« (Friedman 1962, S. 158).

136 Tobin (1966).
137 Vanderborght/Van Parijs (2005).
138 Vgl. dazu Opielka (2008), S. 144–147. Das Netzwerk Grundeinkommen (2016) bietet einen Literaturüberblick mit über 300 deutschsprachigen Publikationen zum Grundeinkommen.
139 Opielka (2008), S. 146.
140 Werner (2007).
141 Ebd.
142 Althaus (2007).
143 Vgl. insbesondere die Beiträge in Borchard (2007) sowie Sachverständigenrat (2007), S. 222–244.
144 Beispielsweise vom Sachverständigenrat (2007), S. 222–244.
145 Butterwegge (2007), S. 27.
146 Spermann (2007), S. 160.
147 Die Linke (2016), S. 4.
148 Vgl. Brynjolfsson/McAfee (2012, 2014).
149 Vgl. Schäfer (2016) und Atkinson (2013) und (2016).
150 Schäfer (2016).
151 Schwab (2016). Ähnlich argumentiert der Rechtsausschuss

des Europäischen Parlaments (2016), der einen Großteil der Arbeiten, die heute noch von Menschen erledigt werden, durch Roboter in Gefahr sieht. Eine Entwicklung, die auch die Tragfähigkeit der Sozialversicherungssysteme vor Herausforderungen stelle. Deshalb sollte »angesichts der möglichen Auswirkungen, die Robotik und Künstliche Intelligenz auf den Arbeitsmarkt haben können, ein allgemeines Grundeinkommen ernsthaft in Erwägung gezogen werden« (S. 11).

152 Das Originalzitat lautet: »There's something happening here. What it is ain't exactly clear.« Es ist entnommen aus Stern (2016), S. 1, der als Folge der technologischen Revolution 4.0 ein Grundeinkommen als einzig vernünftige Lösung fordert.

153 Höttges (2015).

154 Hägler (2016).

155 Vgl. dazu: Schweizerische Eidgenossenschaft (2016b). Intellektuelle Motoren der Bewegung waren Häni/Kovce (2015a) und die Initiative Grundeinkommen (2016). Weitere Beiträge finden sich in Blaschke/Rätz (2012).

156 Müller/Straub (2012) bieten einen Überblick verschiedener Argumente, die zur Unterstützung der Volksinitiative »Für ein bedingungsloses Grundeinkommen« führten.

157 Vgl. dazu das bereits 1986 gegründete internationale Netzwerk BIEN (Basic Income Earth Network) (BIEN 2016), das einen guten Überblick der aktuellen Diskussion über ein Grundeinkommen in vielen Ländern bietet.

158 Siems (2015).

159 Zingales (2012).

160 Nach dem Grundgesetz (2016, Art. 20 (1)) ist die Bundesrepublik Deutschland »ein demokratischer und sozialer Bundesstaat«.

161 Da ausländische Staatsangehörige erst nach einer Wartezeit ein Grundeinkommen erhalten, dürfte – je nach

Ausgestaltung des Verfahrens – die Zahl der Anspruchsberechtigten deutlich unter der 80-Millionen-Grenze liegen. Der Einfachheit halber wird das Beispiel dennoch mit 80 Millionen berechnet.

162 Bundesministerium für Arbeit und Soziales (2016a), S. 6.

163 Projektgruppe Gemeinschaftsdiagnose (2016), S. 82.

164 Statistisches Bundesamt (2016f) und Statistisches Bundesamt (2016g). Da das Grundeinkommen über eine Steuer finanziert werden soll, die in dem Moment an der Quelle erhoben wird, wenn aus Wertschöpfung Einkommen entsteht (unabhängig davon, ob es Arbeits- oder Kapitaleinkommen ist), das an Privatpersonen fließt, wird hier die Bruttowertschöpfung (als Differenz von Bruttoproduktionswert minus Vorleistungen) zugrunde gelegt.

165 Bundesfinanzministerium (2016), Tabelle 10, S. 93.

166 Wird anstelle der Volkswirtschaftlichen Gesamtrechnungen die Finanzstatistik als Abgrenzung gewählt, liegt für 2015 die Abgabenquote bei 37,6 % des BIP. Vgl. Bundesfinanzministerium (2016), Tabelle 11, S. 94.

167 Eigentlich liegt die heutige Abgabenquote deutlich höher. Wird nämlich die für ein Grundeinkommen erforderliche Steuerquote statt auf die Bruttowertschöpfung auf das BIP bezogen, reduziert sie sich von 33 % der Bruttowertschöpfung auf 30 % des BIP (für ein Grundeinkommen von monatlich 800 Euro) bzw. von 40 % der Bruttowertschöpfung auf 36 % des BIP (für ein Grundeinkommen von monatlich 1000 Euro). Der einfache Grund hierfür liegt darin, dass die Bruttowertschöpfung mit 2,73 Billionen Euro geringer ausfällt als das BIP mit 3,03 Billionen Euro.

168 Der Sachverständigenrat (2007, S. 222–244) steht dem Grundeinkommen kritisch gegenüber und vermutet bei dem Solidarischen Bürgergeldmodell von Althaus (2007) eine »Finanzierungslücke von 227 Mrd. Euro« (a.a.O., S. 223). Angesichts der radikalen Systemreform gilt natür-

lich die Unsicherheit von Prognosen in alle Richtungen. Auch wenn versucht wird, möglichst viele Einflussgrößen in einer Modellrechnung zu berücksichtigen, bleibt eine Abschätzung der Folgeeffekte eines Grundeinkommens so genau oder ungenau, wie mikro- und makroökonomische Reaktionen einer derartigen »sozialpolitischen Revolution« richtig antizipiert werden können. »Doch selbst wenn die modernsten empirischen Methoden angewandt werden: Es bleiben große Unsicherheiten mit Bezug auf die dynamischen Verhaltensanpassungen der Menschen«, so Spermann (2007). Genau aus dem Grunde beschränkt sich die hier vorgestellte Analyse auf grobe Überschlagsrechnungen, die als Beispiele und nicht konkrete Prognosen zu verstehen sind.

169 Die Erwartungen an die Wirkungsweise des Mindestlohns liefern ein gutes Beispiel für den vergeblichen Versuch, die Folgeeffekte von politischen Systemänderungen im Voraus richtig zu quantifizieren. Vgl. dazu das Zeitgespräch in Wirtschaftsdienst (2014) vor dem Inkrafttreten des Mindestlohngesetzes in Deutschland, und für die Erfahrungen danach vergleiche Bossler (2016).

170 Diese Einschränkung ist in der ökonom(etr)ischen Literatur als »Lucas-Kritik« bekannt. Der Nobelpreisträger Robert Lucas (1976), S. 41, hat seine berühmt gewordene Kritik an einer naiven Extrapolation bisheriger Erfahrungen in die Zukunft bei einem radikalen Systemwechsel damit begründet, dass die Parameterwerte nicht stabil bleiben. Die Verhaltensanpassungen bei einer radikalen Neuausrichtung der Politik haben nichts mehr mit der Vergangenheit zu tun. Somit wird es mehr oder weniger reine Spekulation, in welche Richtung und wie stark sich Verhaltensänderungen auf die Modellberechnungen auswirken. Deshalb werden Überlegungen und Analysen, die für die »alten« Zeiten und deren Rahmenbedingungen

passten, für die »neuen« Zeiten und deren Politik (völlig) unbrauchbar.

171 Bei zusammenlebenden Erwachsenen sollen die geteilten Fixkosten keine Legitimation für eine Absenkung des Grundeinkommens bieten. Eine Absenkung des Grundeinkommens für Erwachsene, die in Mehrpersonenhaushalten leben, würde der Bedingungslosigkeit und dem Individualprinzip des Grundeinkommens widersprechen. Zudem würden wieder Bürokratie- und Kontrollkosten entstehen. Ebenso würde eine Verletzung des Individualprinzips Anreize für Verhaltensänderungen setzen. Beispielsweise würde es dann attraktiv, in kleinen Einheiten »über den Flur« zu wohnen, um als Einpersonenhaushalt in den Genuss des vollen Grundeinkommens zu kommen. Dadurch wiederum entstünden Verzerrungen für die Wohnungswirtschaft.

172 Vgl. Werner (2007), S. 207–216 sowie Werner/Goehler (2010), S. 241–252.

173 Bundesfinanzministerium (2016), Tabelle 10, S. 93.

174 Zum Regionalgeld »Chiemgauer« vgl. http://www.chiemgauer.info/.

175 Fuest (2016), S. 81.

176 Appel (2016). Der Fairness halber sei hier angeführt, dass der Post-Chef aus der »Roboterisierung« keinen Systemwechsel auf ein Grundeinkommen ableitet. Im Gegenteil: »Ich bin ein vehementer Gegner eines bedingungslosen Grundeinkommens. Zu glauben, der Staat müsse den Menschen nur Geld geben, dann könnten sie schon ein erfülltes und zufriedenes Leben führen, ist falsch.«

177 Vgl. dazu Körber-Stiftung (2016b).

178 Werner/Goehler (2010, Kapitel 3 [Wie ein Lotto-Gewinn für alle], S. 51–70) und Häni/Kovce (2015a, S. 38–40) verweisen beide mit einer Vielzahl anekdotischer Beispiele auf das »Ich bin fleißig, du bist faul«-Paradox und zeigen, dass

viele Menschen nicht aufhören würden zu arbeiten, wenn das Existenzminimum abgesichert ist. Vielleicht würden sie anders arbeiten. Ob sich daraus eine allgemeingültige Verhaltensregel ableiten lässt, ist einer der Streitpunkte bei der Bewertung des Grundeinkommens.

179 Heutzutage befinden sich insbesondere Personen, deren potenzielles Markteinkommen die staatlich gewährte Mindestsicherung nicht oder nur geringfügig überschreitet, häufig in einer sogenannten Armutsfalle. Ein Zuverdienst über den Freibetrag hinaus ist mit einer Transferentzugsrate von 80 bis 90 % belegt. Für Bezieher von BAföG-Leistungen gilt nach einem geringen Freibetrag sogar ein Transferentzugssatz von 100 %. Dieser – auch »Eigernordwand-Phänomen« genannten – negativen Einkommenseffekte hoher impliziter Grenzsteuersätze wegen sind die finanziellen Anreize, durch eigene Leistung eigenes Einkommen zu erwirtschaften, gering. Viele bleiben dem Arbeitsmarkt langfristig fern und sind vollständig von Sozialtransfers abhängig. Neben Geringqualifizierten sind auch höher Qualifizierte betroffen, die aufgrund eines für sie ungünstigen Verhältnisses von Arbeitsangebot und -nachfrage ein nur geringes Einkommen erzielen würden. Ebenso betrifft dies Personen, die nur Teilzeit arbeiten wollen oder können, beispielsweise aufgrund von Kindererziehung oder der (Alters-)Pflege von Angehörigen.

180 Statistisches Bundesamt (2016f) und Statistisches Bundesamt (2016g).

181 Projektgruppe Gemeinschaftsdiagnose (2016), S. 82.

182 Vgl. Bundesministerium für Arbeit und Soziales (2016a), S. 10.

183 An der Stelle unterbleibt eine Klärung verschiedener Gerechtigkeitsbegriffe (Bedarfsgerechtigkeit, Chancengerechtigkeit, Verteilungsgerechtigkeit, Leistungsgerech-

tigkeit), da eine Bewertung sehr stark von der konkreten Ausgestaltung eines Grundeinkommenskonzepts abhängig ist, die NICHT im Vordergrund der hier vorgetragenen Argumente steht.

184 Schramm (2008), S. 200.

185 Fetzer (2007), S. 170.

186 Das Zitat stammt von Paulus (Bibel 2016, Paulus, 2 Thess 3,10). Werner/Goehler (2010, S. 71–72) halten eine Verankerung des christlichen Arbeitsethos mit einer Referenz auf Paulus für unzulässig. Sie verstehen das Paulus-Zitat als: »Auch wer nicht arbeitet, darf essen!« Eine Interpretation, die sicherlich nicht unstrittig ist.

187 Mit Blick auf das Grundeinkommen vgl. hierzu Schramm (2007), S. 216–218 und Reuter (2016).

188 So wie Flassbeck/Spiecker/Meinhardt/Vesper (2012), S. 15–16: »Wenn man die momentanen Ergebnisse der primären Einkommensverteilung für ungerecht, unsozial und die Gesellschaft schädigend ansieht – wie das die Autoren dieses Buches tun –, muss man sich zuerst mit der Frage auseinandersetzen, inwieweit sie systembedingt sind. ... Wäre eine andere, nämlich von vornherein ›gleichere‹ Primäreinkommensverteilung ... systemkonform oder für das System Marktwirtschaft sogar notwendig, dann läge hier der Schlüssel zur Lösung der Armutsprobleme.«

189 Vgl. hierzu Reuter (2016).

190 Bundesministerium für Arbeit und Soziales (2016a).

191 Siems (2016).

192 2015 wurden für Förder- und Fürsorgesysteme insgesamt 170 Milliarden Euro ausgegeben (Bundesministerium für Arbeit und Soziales [2016a], S. 9).

193 Das Problem von Wahrnehmung und Erwartung liegt darin, dass beide mit immensen Fehlerquellen zu kämpfen haben. Nicht nur dass Informationen, die zur persönli-

chen Meinungsbildung dienen, veraltet, unvollständig, teilweise falsch und manchmal von anderen manipuliert sein können. Als Faustregel nutzt man aus Erfahrung und Bequemlichkeit die immer gleichen Informationsquellen und Vertrauenspersonen, um sich ein eigenes Urteil zu bilden. Die Verengung auf Bekanntes kann das Spektrum für neue Einsichten verengen und zu einem Festhalten an veralteten Standpunkten führen. Die Herde folgt dann dem ausgetretenen Pfad der Leitkuh, selbst wenn sich die Realität und damit die Richtung, in die man sich bewegen sollte, komplett verändert haben.

194 Vgl. dazu Hüther/Straubhaar (2009).

195 Vgl. dazu den Interpretationsstreit zwischen Fratzscher (2016) und Felbermayr/Battisti/Lehwald (2016) sowie (kurz und kompetent zusammengefasst) Greive (2016).

196 »Kognitive Verzerrungen« nennt die Verhaltensökonomie ein häufig feststellbares Verhalten, das eher durch Gefühle und weniger durch Kalküle geleitet wird. Oft halten Menschen aus Sturheit an alten Urteilen fest, einfach um nicht frühere Fehler, Fehleinschätzungen oder Fehlurteile zugeben zu müssen. Sich von bekannten Verhaltensweisen zu lösen oder lange gepflegte und mit vielen gemeinsamen Erfahrungen emotional aufgeladene Beziehungen aufzukündigen und soziale Netzwerke zu verlassen, ist in jeder Dimension enorm aufwendig. Neuerungen verursachen Unsicherheit über die zu erwartenden Folgen. Und da in aller Regel Menschen kleine Verluste als überaus schmerzhaft empfinden, bleibt man im alten Trott, verharrt und macht weiter so wie bisher. Auch wenn sich Veränderungen nachweislich positiv auswirken würden.

197 Atkinson (2016).

198 Von Petersdorff (2014).

199 Schipper (2015). Atkinson schlägt deshalb ein dem Grundeinkommen sehr nahe stehendes »Mindesterbe« vor, das

der Staat »jedem Staatsbürger zum 18. Geburtstag auszahlt«
und das sich »über höhere Erbschaftssteuern« finanzieren
ließe.

200 Vgl. dazu die vielen einschlägigen Publikationen von Ernst
Fehr oder Bruno S. Frey, beispielsweise Fehr (2002), Fehr/
Schmidt (2003) oder Frey (1995).

201 Dahrendorf (2003), S. 26–29.

Literaturverzeichnis

Adrian, Axel (2016): Grundsatzfragen zu Staat und Gesellschaft am Beispiel des Kinder-/Stellvertreterwahlrechts: Eine rechtliche Untersuchung mit Bezügen zu Demographie, Demoskopie, Psychologie und Philosophie. Schriften zum Öffentlichen Recht, Band 1313. Berlin: Duncker & Humblot.

Althaus, Dieter (2007): Das Solidarische Bürgergeld – Sicherheit und Freiheit ermöglichen Marktwirtschaft. In: Borchard, Michael (Hrsg.): Das Solidarische Bürgergeld – Analysen einer Reformidee. Stuttgart: Lucius & Lucius, S. 1–12.

Appel, Frank (2016): zitiert nach: Gersemann, Olaf; Nicolai, Birger: Post-Chef will die Arbeit von Robotern besteuern. In: Die Welt am Sonntag vom 10.07.2016.

Archiv-Grundeinkommen (2016): Berlin; http://www.archiv-grundeinkommen.de/ (zuletzt abgerufen am 06.12.2016).

Atkinson, Anthony Barnes (2013): Reducing income inequality in Europe. In: IZA Journal of European Labor Studies, Vol. 2:12. (DOI: 10.1186/2193-9012-2-12); https://izajoels.springeropen.com/articles/10.1186/2193-9012-2-12 (zuletzt abgerufen am 06.12.2016).

Atkinson, Anthony Barnes (2016): Ungleichheit: Was wir dagegen tun können. Stuttgart: Klett-Cotta.

Beck, Ulrich (2001): Das Zeitalter des »eigenen Lebens«. In: Aus Politik und Zeitgeschichte (B 29/2001), S. 3–6. Vgl. http://www.bpb.de/apuz/26127/das-zeitalter-des-eigenen-lebens (zuletzt abgerufen am 06.12.2016).

Bernstein, Amy; Raman, Anand (2016): Der Beginn des zweiten Maschinenzeitalters. In: Bulletin, Nr. 1/2016. Zürich: Credit Suisse, S. 28–32.

Bertelsmann-Stiftung (2010): Kostenexplosion im Gesundheitswesen: ein Irrglaube. Pressemitteilung vom 27.07.2010. Gütersloh. Vgl. http://www.bertelsmann-stiftung.de/de/presse/pressemitteilungen/pressemitteilung/pid/kostenexplosion-im-gesundheitswesen-ein-irrglaube/ (zuletzt abgerufen am 06.12.2016).

Bibel (2016): Lutherbibel 1984. Vgl. https://www.die-bibel.de/bibeln/online-bibeln/lutherbibel-1984/bibeltext/ (zuletzt abgerufen am 06.12.2016).

BIEN (2016): Basic Income Earth Network. Vgl. http://basicincome.org/ (zuletzt abgerufen am 06.12.2016).

Bischoff, Joachim (2006): Grundeinkommen: Abschied von der neoliberalen Lebenslüge. Vollbeschäftigung oder Stilllegungsprämie? In: Sozialismus Aktuell vom 30.10.2006. Vgl. http://www.sozialismus.de/kommentare_analysen/detail/artikel/grundeinkommen-abschied-von-der-neoliberalen-lebensluege-vollbeschaeftigung-oder-stilllegungspraemi-1/ (zuletzt abgerufen am 06.12.2016).

Blaschke, Ronald; Rätz, Werner (Hrsg.) (2013): Teil der Lösung: Plädoyer für ein bedingungsloses Grundeinkommen. Zürich: Rotpunktverlag.

Blasi, Joseph R.; Freeman, Richard B.; Kruse, Douglas L. (2013): The Citizen's Share: Reducing Inequality in the 21st Century. New Haven: Yale University Press.

Böll, Sven (2009): Kostenexplosion im Gesundheitswesen: Krankes System mit Knalleffekt. In: spiegel.de vom 08.10.2009. Vgl. http://www.spiegel.de/wirtschaft/soziales/kostenexplosion-im-gesundheitswesen-krankes-system-mit-knalleffekt-a-653784.html (zuletzt abgerufen am 06.12.2016).

Börsch-Supan, Axel; Bucher-Koenen, Tabea; Rausch, Johannes (2016a): Altersarmut – Denkfehler: WDR-Berechnung der zukünftigen Altersarmut inkorrekt. Munich Center for the Economics of Aging (MEA). München (13.04.2016). Vgl. http://www.mea.mpisoc.mpg.de/index.php?id=216&no_cache=1&tx_ttnews%5Btt_news%5D=334&cHash=920a5368a36345000f25fb bede0adbc4 (zuletzt abgerufen am 06.12.2016).

Börsch-Supan, Axel; Bucher-Koenen, Tabea; Rausch, Johannes (2016b): Szenarien für eine nachhaltige Finanzierung der Gesetzlichen Rentenversicherung. In: ifo Schnelldienst, Jg. 69, H. 18, S. 31–40. Vgl. https://www.cesifo-group.de/de/ifoHome/publications/docbase/details.html?docId=19251462 (zuletzt abgerufen am 06.12.2016).

Börsch-Supan, Axel; Breyer, Friedrich (2016): Die fünf großen Irrtümer in der Rentendebatte. In: Süddeutsche Zeitung vom 24.07.2016. Vgl. http://www.sueddeutsche.de/wirtschaft/altersvorsorge-die-fuenf-grossen-irrtuemer-in-der-rentendebatte-1.3090358 (zuletzt abgerufen am 06.12.2016).

Borchard, Michael (Hrsg.) (2007): Das Solidarische Bürgergeld – Analysen einer Reformidee. Stuttgart: Lucius & Lucius.

Bossler, Mario (2016): Mindestlohn in Deutschland, Großbritannien und in den USA. In: Wirtschaftsdienst, Jg. 96., H. 6, S. 422–425.

Brauck, Markus (2016): Wohltat für alle. In: Der Spiegel, Nr. 20 vom 14.05.2016, S. 78–82.

Brynjolfsson, Erik; McAfee, Andrew (2012): Race Against the Machine: How the Digital Revolution is Accelerating Innovation, Driving Productivity, and Irreversibly Transforming Employment and the Economy. Boston: Digital Frontier Press.

Brynjolfsson, Erik; McAfee, Andrew (2014): The Second Machine Age: Wie die nächste digitale Revolution unser aller Leben verändern wird. Kulmbach: Börsenmedien/Plassen Verlag.

Bundesfinanzministerium (2015): Bericht über die Höhe des steuerfrei zu stellenden Existenzminimums von Erwachsenen und Kindern für das Jahr 2016 (10. Existenzminimumbericht). Berlin, 28.01.2015. Vgl. http://www.bundesfinanzministerium.

de/Content/DE/Pressemitteilungen/Finanzpolitik/2015/01/2015-01-28-PM05.html (zuletzt abgerufen am 06.12.2016).

Bundesfinanzministerium (2016): Monatsbericht September 2016. Berlin. Vgl. http://www.bundesfinanzministerium.de/Content/DE/Monatsberichte/2016/09/Downloads/monatsbericht-2016-09-deutsch.pdf?__blob=publicationFile&v=5 (zuletzt abgerufen am 06.12.2016).

Bundesinstitut für Bevölkerungsforschung (BiB) (Hrsg.) (2012): (Keine) Lust auf Kinder? Geburtenentwicklung in Deutschland. Wiesbaden. Vgl. http://www.bib-demografie.de/SharedDocs/Publikationen/DE/Broschueren/keine_lust_auf_kinder_2012.pdf?__blob=publicationFile& (zuletzt abgerufen am 06.12.2016).

Bundesinstitut für Bevölkerungsforschung (BiB) (2013): Familienleitbilder – Vorstellungen. Meinungen. Erwartungen. (Wiesbaden). Vgl. http://www.bib-demografie.de/SharedDocs/Publikationen/DE/Broschueren/familien_leitbilder_2013.pdf?__blob=publicationFile&v=7 (zuletzt abgerufen am 06.12.2016).

Bundesministerium für Arbeit und Soziales (2016a): Sozialbudget 2015. Berlin. Vgl. http://www.bmas.de/SharedDocs/Downloads/DE/PDF-Publikationen/a230-15-sozialbudget-2015.pdf?__blob=publicationFile&v=3 (zuletzt abgerufen am 06.12.2016).

Bundesministerium für Arbeit und Soziales (2016b): Das Gesamtkonzept zur Alterssicherung. Wir machen Deutschland zusammen stark. Berlin. Vgl. http://www.bmas.de/SharedDocs/Downloads/DE/Thema-Rente/gesamtkonzept-alterssicherung-broschuere.pdf?__blob=publicationFile&v=3 (zuletzt abgerufen am 07.12.2016).

Bundesministerium für Bildung und Forschung (BMBF) (2015): Ältere Menschen. Vgl. http://www.gesundheitsforschung-bmbf.de/de/aeltere-menschen.php (zuletzt abgerufen am 06.12.2016).

Bundesregierung (2015): Neue Bemessungsgrenzen für 2016. Berlin (27.11.2015). Vgl. https://www.bundesregierung.de/Content/DE/Artikel/2015/10/2015-10-14-sozialversicherung. html (zuletzt abgerufen am 06.12.2016).

Bundeszentrale für politische Bildung (2016): Dossier Rentenpolitik, Schlagwort Altersarmut. Bonn. Vgl. http://www.bpb.de/politik/innenpolitik/rentenpolitik/141528/altersarmut (zuletzt abgerufen am 06.12.2016).

Butterwegge, Christoph (2007): Grundeinkommen und soziale Gerechtigkeit. In: Aus Politik und Zeitgeschichte (Beilage zur Wochenzeitung Das Parlament), Nr. 51-52/2007 vom 17.12.2007, S. 25 – 30.

Butterwegge, Christoph (2016): Das bedingungslose Grundeinkommen – ein Irrweg in die Armut. In: focus.de vom 04.06.2016. Vgl. http://www.focus.de/politik/experten/butterwegge/schweizer-stimmen-darueber-ab-das-bedingungs-lose-grundeinkommen-ein-gefaehrlicher-irrweg-in-die-armut_id_5592502.html (zuletzt abgerufen am 06.12.2016).

Dahrendorf, Ralf (1986): Für jeden Bürger ein garantiertes Einkommen. In: zeit.de vom 17.01.1986. Vgl. http://www.zeit.de/1986/04/fuer-jeden-buerger-ein-garantiertes-einkommen (zuletzt abgerufen am 06.12.2016).

Dahrendorf, Ralf (2003): Auf der Suche nach einer neuen Ordnung. München: Verlag C.H. Beck.

Dengler, Katharina; Matthes, Britta (2015): Folgen der Digitalisierung für die Arbeitswelt: In kaum einem Beruf ist der Mensch vollständig ersetzbar (IAB-Kurzbericht, 24/2015), Nürnberg. Vgl. http://doku.iab.de/kurzber/2015/kb2415.pdf (zuletzt abgerufen am 06.12.2016).

Deutsche Bundesbank (2016): Öffentliche Finanzen. In: Monatsbericht, August 2016, S. 60 – 78. Vgl. http://www.bundesbank.de/Redaktion/DE/Downloads/Veroeffentlichungen/Monatsberichtsaufsaetze/2016/2016_08_oeffentliche_finanzen.pdf?__blob=publicationFile (zuletzt abgerufen am 06.12.2016).

Deutsche Rentenversicherung (2013): zukunft jetzt. Ausgabe 1/2013. Vgl. http://www.deutsche-rentenversicherung.de/ Saarland/de/Inhalt/5_Services/03_Broschueren_Magazine/ zj_01_2013_download.pdf?__blob=publicationFile&v=4 (zuletzt abgerufen am 06.12.2016).

Deutsche Rentenversicherung (2015): Von Altersgrenze bis Zeitrente – das Rentenlexikon. 9. Auflage. Berlin: DRV Bund. Vgl. http://www.deutsche-rentenversicherung.de/Allgemein/de/ Inhalt/5_Services/03_broschueren_und_mehr/01_broschueren /01_national/von_altersgrenze_bis_zeitrente_rentenlexikon. pdf?__blob=publicationFile&v=23 (zuletzt abgerufen am 06.12.2016).

Deutsche Rentenversicherung (2016): Fakten und Zahlen. Vgl. http://www.deutsche-rentenversicherung.de/Allgemein/de/ Navigation/6_Wir_ueber_uns/02_Fakten_und_Zahlen/02_ kennzahlen_finanzen_vermoegen/1_kennzahlen_rechengroe %C3%9Fen/standardrente_rentenniveau_node.html (zuletzt abgerufen am 06.12.2016).

Diabaté, Sabine (2015): Mutterleitbilder heute: Zwischen Autonomie und Aufopferung. In: Bevölkerungsforschung Aktuell – Analysen und Informationen aus dem Bundesinstitut für Bevölkerungsforschung, Jg. 36, Ausgabe 3, S. 2–8.

Diabaté, Sabine; Junck, Sara; Thiel, Esther (2015): Keine Lust auf Familie? Leitbilder von bewusst kinderlosen Männern. In: Bevölkerungsforschung Aktuell – Analysen und Informationen aus dem Bundesinstitut für Bevölkerungsforschung, Jg. 36, Ausgabe 3, S. 9–16.

Die Linke (2016): Unser Konzept eines bedingungslosen Grundeinkommens: finanzierbar, emanzipatorisch, gemeinwohlfördernd. 4. Auflage. Berlin. Vgl. http://www. die-linke-grundeinkommen.de/fileadmin/lcmsbaggrundeinkommen/PDF/BAG_Brosch2016.pdf (zuletzt abgerufen am 06.12.2016).

Eckert, Daniel (2016): Roboter vernichten Millionen Jobs. In: Die

Welt vom 27.08.2016, S. 10. Vgl. https://www.welt.de/print/
die_welt/wirtschaft/article157875311/Roboter-vernichten-
Millionen-Jobs.html (zuletzt abgerufen am 06.12.2016).

Ehrentraut, Oliver (2016): Perspektive 2040: Fakten zur Rentendebatte: Lebenserwartung, Lebensarbeitszeit und Renten-
eintritt. Vortrag vom 13.06.2016. Berlin: Prognos. Vgl. http://
www.gdv.de/wp-content/uploads/2016/06/GDV-Rentenperspek-
tive-2040-Praesentation-Prognos.pdf (zuletzt abgerufen am
06.12.2016).

Europäisches Parlament (Rechtsausschuss) (2016): Entwurf eines
Berichts mit Empfehlungen an die Kommission zu zivilrecht-
lichen Regelungen im Bereich Robotik (2015/2103(INL)) vom
31.05.2016. Vgl. http://www.europarl.europa.eu/sides/getDoc.
do?pubRef=-%2f%2fEP%2f%2fNONSGML%2bCOMPARL%2b
PE-582.443%2b01%2bDOC%2bPDF%2bV0%2f%2fDE (zuletzt
abgerufen am 06.12.2016).

European Commission (2015): The 2015 Ageing Report. Economic and budgetary projections for the 28 EU Member States
(2013–2060). European economy 3/2015, S. 310–311, Brüssel.
Vgl. http://ec.europa.eu/economy_finance/publications/
european_economy/2015/pdf/ee3_en.pdf (zuletzt abgerufen
am 06.12.2016).

Fehr, Ernst (2002): Über Vernunft, Wille und Eigennutz hinaus.
In: Fehr, Ernst; Schwarz, Gerhard (2002): Psychologische
Grundlagen der Ökonomie. Zürich: Verlag Neue Zürcher
Zeitung, S. 11–18.

Fehr, Ernst; Schmidt, Klaus M. (2003): Theories of Fairness
and Reciprocity – Evidence and Economic Applications. In:
Dewatripont, M.; Hansen, L. P.; Turnovski, S. J.: Advances in
Economics and Econometrics. Eighth World Congress of the
Econometric Society, Vol. 1, Cambridge: Cambridge University
Press, S. 208–257.

Fehr, Ernst; Schwarz, Gerhard (2002): Psychologische Grundlagen der Ökonomie. Zürich: Verlag Neue Zürcher Zeitung.

Felbermayr, Gabriel; Battisti, Michele; Lehwald, Sybille (2016): Entwicklung der Einkommensungleichheit (Daten, Fakten und Wahrnehmungen). Stiftung Familienunternehmen, München. Vgl. http://www.familienunternehmen.de/media/ public/pdf/publikationen-studien/studien/Studie_Stiftung_ Familienunternehmen_Einkommensungleichheit.pdf (zuletzt abgerufen am 06.12.2016).

Feld, Lars P.; Kohlmeier, Anabell; Schmidt, Christoph M. (2016): Altersarmut statt Altersvorsorge: Was läuft falsch, und welche Reformen sind für ein zukunftsfähiges Rentensystem nötig? In: ifo Schnelldienst, Jg. 69, H. 12, S. 3–6.

Fetzer, Joachim (2007): Subsidiarität durch Solidarisches Bürgergeld. In: Borchard, Michael (Hrsg.): Das Solidarische Bürgergeld. Analysen einer Reformidee. Stuttgart: Lucius & Lucius, S. 163–188.

Flassbeck, Heiner; Spiecker, Friederike; Meinhardt, Volker; Vesper, Dieter (2012): Irrweg Grundeinkommen – Die große Umverteilung von unten nach oben muss beendet werden. Frankfurt: Westend Verlag.

Ford, Martin (2015): Aufstieg der Roboter – Wie unsere Arbeitswelt gerade auf den Kopf gestellt wird – und wie wir darauf reagieren müssen. Kulmbach: Börsenmedien AG / Plassen Verlag.

Fratzscher, Marcel (2016): Verteilungskampf: Warum Deutschland immer ungleicher wird. München: Hanser Verlag.

Frey, Bruno S. (1995): Economic Man and Fairness: Towards New Frontiers in Institutional Economics. In: Por onde vai a economia portuguesa? Actas da Conferência realizada por ocasiâo do jubileu académico de Francisco Pereira de Moura. Instituto Superior de Economia e Gestâo, Lisboa, Junho 1995. Vgl. http://www.bsfrey.ch/articles/C_267_1995.pdf (zuletzt abgerufen am 06.12.2016).

Frey, Bruno S.; Feld, Lars P. (2002): Deterrence and Morale in Taxation: An Empirical Analysis. CESifo Working Paper No. 760

(August 2002). Vgl. https://www.cesifo-group.de/ifoHome/
publications/working-papers/CESifoWP/CESifoWPdetails?wp_
num=760&CESifoWP.search (zuletzt abgerufen am
06.12.2016).

Frey, Bruno S. (2005): Excise Taxes: Economics, Politics, and
Psychology. In: Cnossen, Sijbren (Ed.): Theory and Practice
of Excise Taxation: Smoking, Drinking, Gambling, Polluting,
and Driving. Oxford: Oxford University Press, Chapter 8,
S. 234–248.

Frey, Carl Benedikt; Osborne, Michael A. (2013): The Future of
Employment: How Susceptible Are Jobs to Computerisation?
Vgl. http://www.oxfordmartin.ox.ac.uk/downloads/academic/
The_Future_of_Employment.pdf (zuletzt abgerufen am
06.12.2016).

Friedman, Milton (1962): Capitalism and Freedom. Chicago:
University of Chicago Press. Vgl. http://www.pdf-archive.
com/2011/12/28/friedman-milton-capitalism-and-freedom/
friedman-milton-capitalism-and-freedom.pdf (zuletzt abgerufen am 06.12.2016).

Fuest, Clemens (2016): zitiert nach Brauck, Markus: Wohltat für
alle. In: Der Spiegel, Nr. 20 vom 14.05.2016, S. 78–82.

GDV (Gesamtverband der Deutschen Versicherungswirt-
schaft e.V.) (2016): Schicksalsfrage Altersvorsorge. In: Die
Positionen der deutschen Versicherer 2016. Berlin.

Geißler, Max (2010): Eckrentner: Noch zeitgemäß – oder praxis-
fernes Konstrukt? In: sueddeutsche.de, abrufbar unter: http://
www.sueddeutsche.de/geld/eckrentner-noch-zeitgemaess-
oder-praxisfernes-konstrukt-1.180543 (zuletzt abgerufen am
06.12.2016).

Gersemann, Olaf; Nicolai, Birger (2016): Post-Chef will die
Arbeit von Robotern besteuern. In: Die Welt am Sonntag vom
10.07.2016. Vgl. http://www.welt.de/wirtschaft/article
156922755/Post-Chef-will-die-Arbeit-von-Robotern-besteuern.
html (zuletzt abgerufen am 06.12.2016).

Göbel, Heike (2006): Althaus' Radikalkur. In: Frankfurter Allgemeine Zeitung vom 14.11.2006.

Göbel, Heike (2016): Schlacht ums Rentenniveau. In: Frankfurter Allgemeine Zeitung vom 28.09.2016 Vgl. http://www.faz.net/aktuell/wirtschaft/was-wird-aus-der-rente/kommentar-schlacht-ums-rentenniveau-14457944.html (zuletzt abgerufen am 06.12.2016).

Greive, Martin (2016): Das Märchen von der wachsenden Ungleichheit. In: Die Welt vom 07.06.2016. Vgl. https://www.welt.de/wirtschaft/article156013187/Das-Maerchen-von-der-wachsenden-Ungleichheit.html (zuletzt abgerufen am 06.12.2016).

Greß, Stefan (2014): Auswirkungen des Gesundheitsfonds – eine Zwischenbilanz. In: Wirtschaftsdienst, Jg. 94, H. 8, S. 545–548.

Grömling, Michael (2016): Digitale Revolution – eine neue Herausforderung für die Volkswirtschaftlichen Gesamtrechnungen? In: Wirtschaftsdienst, Jg. 96, H. 2, S. 135–139.

Hägler, Max (2016): Siemens-Chef plädiert für ein Grundeinkommen. In: sueddeutsche.de vom 20.11.2016. Vgl. http://www.sueddeutsche.de/wirtschaft/sz-wirtschaftsgipfel-siemens-chef-plaediert-fuer-ein-grundeinkommen-1.3257958 (zuletzt abgerufen am 07.12.2016).

Häni, Daniel; Kovce, Philip (2015a): Was fehlt, wenn alles da ist? – Warum das bedingungslose Grundeinkommen die richtigen Fragen stellt. Zürich: orell füssli Verlag.

Häni, Daniel; Kovce, Philip (2015b): Plädoyer für das Grundeinkommen. In: Capital vom 29.09.2015. Vgl. http://www.capital.de/meinungen/plaedoyer-fuer-das-grundeinkommen.html (zuletzt abgerufen am 06.12.2016).

Heinrich-Böll-Stiftung (2014): Deutschland im Pflegenotstand – Perspektiven und Probleme der Care Migration. Berlin. Vgl. https://www.boell.de/de/deutschland-im-pflegenotstand-perspektiven-und-probleme-der-care-migration (zuletzt abgerufen am 06.12.2016).

Hohenleitner, Ingrid; Straubhaar, Thomas (2008): Bedingungsloses Grundeinkommen und Solidarisches Bürgergeld – mehr
als sozialutopische Konzepte. In: Straubhaar, Thomas (Hrsg.):
Bedingungsloses Grundeinkommen und Solidarisches Bürgergeld –mehr als sozialutopische Konzepte. Edition HWWI,
Band 1. Hamburg: Hamburg University Press, S. 9–127.

Höttges, Timotheus (2015): Telekom-Chef Höttges für bedingungsloses Grundeinkommen. In: zeit.de vom 29.12.2015.
Vgl. http://www.zeit.de/wirtschaft/2015-12/digitale-revolution-
telekom-timotheus-hoettges-interview (zuletzt abgerufen am
06.12.2016).

Hurrelmann, Klaus (2016): Die Generation Y verhält sich fahr-
lässig. Interview (mit Julia Maria Grass). In: Die Welt vom
01.09.2016, S. 12. Vgl. https://www.welt.de/print/welt_kom-
pakt/print_wissen/article157919450/Die-Generation-Y-verhaelt-
sich-fahrlaessig.html (zuletzt abgerufen am 06.12.2016).

Hüther, Michael; Straubhaar, Thomas (2009): Die gefühlte Un-
gerechtigkeit – Warum wir Ungleichheit aushalten müssen,
wenn wir Freiheit wollen. Berlin: Ullstein-Econ-Verlag.

Initiative Grundeinkommen (2016): Basel. Vgl. http://www.
grundeinkommen.ch/ (zuletzt abgerufen am 06.12.2016).

Kaiser, Catherina (2016): »Ergebnis nicht vorhersehbar« – so
steht es um das Grundeinkommen in Finnland.
In: The Huffington Post vom 13.09.2016. Vgl. http://www.
huffingtonpost.de/2016/09/13/finnland-grundeinkommen-
deutschland_n_11988882.html (zuletzt abgerufen am
06.12.2016).

Körber-Stiftung (2016a): Ersatzorgane aus der Petrischale.
Körber-Preis 2016 an Hans Clevers. Hamburg: Körber-Stiftung.
Vgl. http://www.koerber-stiftung.de/wissenschaft/koerber-
preis-fuer-die-europaeische-wissenschaft.html (zuletzt
abgerufen am 07.12.2016).

Körber-Stiftung (2016b): Arbeit, Rente, unversorgt? Was uns
übermorgen erwartet. Ergebnisse einer repräsentativen

Forsa-Umfrage zur neuen Lebensarbeitszeit. Hamburg: Körber-Stiftung. Vgl. https://www.koerber-stiftung.de/fileadmin/user_upload/koerber-stiftung/redaktion/fokusthema_neue-lebensarbeitszeit/pdf/2016/Broschuere_Koerber-Stiftung_forsa-Umfrage_Arbeit_Rente_unversorgt.pdf (zuletzt abgerufen am 07.12.2016).

Kumpmann, Ingmar (2006): Negative Einkommensteuer. In: Wirtschaftswissenschaftliches Studium (WiSt), Jg. 35, H. 1, S. 46–49.

Kwasniewski, Nicolai (2016): Apple in Irland – 50 Euro Steuern für eine Million Euro Gewinn. In: spiegel.de vom 30.08.2016. Vgl. http://www.spiegel.de/wirtschaft/unternehmen/apple-in-irland-50-euro-steuern-fuer-eine-million-euro-gewinn-a-1110150.html (zuletzt abgerufen am 06.12.2016).

Lauterbach, Karl (2015): Die Krebs-Industrie: Wie eine Krankheit Deutschland erobert. Berlin: Rowohlt.

Liessmann, Konrad Paul (2016): Arme Arbeit. In: Neue Zürcher Zeitung vom 27.04.2016, S. 11.

Lotter, Wolf (2005): Der Lohn der Angst. In: brand eins, Jg. 7, H. 7 (September), S. 50–59. Vgl. https://www.brandeins.de/archiv/2005/arbeiten/der-lohn-der-angst/ (zuletzt abgerufen am 06.12.2016).

Lucas, Robert E. (1976): Econometric Policy Evaluation: A Critique. In: Brunner, Karl; Meltzer, Allan H. (Hrsg.): Carnegie-Rochester Conference Series on Public Policy, Vol. 1, S. 19–46.

Mattes, Armin (2012): Kündigung des Generationenvertrags. In: Der Freitag (Blog-Beitrag vom 26.06.2012).

Mein Grundeinkommen (2016): Berlin. Vgl. https://www.mein-grundeinkommen.de/start (zuletzt abgerufen am 06.12.2016).

Menkens, Sabine (2016): Regierung zeigt Härte gegen europäischen »Sozialtourismus«. In: Die Welt vom 12.10.2016 Vgl. https://www.welt.de/politik/deutschland/article158697044/

Regierung-zeigt-Haerte-gegen-europaeischen-Sozialtourismus.
html (zuletzt abgerufen am 06.12.2016).

Müller, Ann-Katrin; Nezik, Ann-Kathrin; Rehage, Ruben
(2016): Die Ohnmächtigen. In: Der Spiegel, Nr. 28 vom
09.07.2016, S. 64–69. Vgl. https://magazin.spiegel.de/
SP/2016/28/145742878/index.html?utm_source=spon&utm_
campaign=centerpage (zuletzt abgerufen am 08.12.2016).

Müller, Christian; Straub, Daniel (2012): Die Befreiung der
Schweiz. Über das bedingungslose Grundeinkommen. Zürich:
Limmat Verlag.

Müller-Armack, Alfred (1950): Soziale Irenik. In: Weltwirtschaft-
liches Archiv, Band 64. Wiederabdruck in: Ders., Religion
und Wirtschaft. Geistesgeschichtliche Hintergründe unserer
europäischen Lebensform, 3. Auflage, 1981. Bern, Stuttgart:
Paul Haupt, S. 559–578.

Müller-Armack, Alfred (1956): Soziale Marktwirtschaft.
In: Handwörterbuch der Sozialwissenschaften, Band 9.
Wiederabdruck in: Ders., Wirtschaftsordnung und
Wirtschaftspolitik, 2. Auflage, 1976. Bern, Stuttgart: Paul
Haupt, S. 243–249.

Netzwerk Grundeinkommen (2016): Puchheim. Vgl. https://
www.grundeinkommen.de/ (zuletzt abgerufen am 06.12.2016).

n-tv (2006): Rente mit 67: Dachdecker protestieren. Vgl. http://
www.n-tv.de/politik/Dachdecker-protestieren-article172313.
html (zuletzt abgerufen am 06.12.2016).

Opielka, Michael (2008): Grundeinkommen als umfassende
Sozialreform – Zur Systematik und Finanzbarkeit am Beispiel
des Vorschlags Solidarisches Bürgergeld. In: Straubhaar,
Thomas; Hohenleitner, Ingrid (Hrsg.): Bedingungsloses
Grundeinkommen und Solidarisches Bürgergeld – mehr als
sozialutopische Konzepte. Edition HWWI, Band 1. Hamburg:
Hamburg University Press, S. 129–175.

Opielka, Michael; Strengmann-Kuhn, Wolfgang (2007): Das
Solidarische Bürgergeld – Finanz- und sozialpolitische

Analyse eines Reformkonzepts. Studie im Auftrag der Konrad-Adenauer-Stiftung, unter Mitarbeit von Bruno Kaltenborn. In: Borchard, Michael (Hrsg.): Das Solidarische Bürgergeld – Analysen einer Reformidee. Stuttgart: Lucius & Lucius, S. 13–141.

Palla, Rudi (2014): Verschwundene Arbeit – Das Buch der untergegangenen Berufe. Christian Brandstätter Verlag/Kindle Edition.

Pennekamp, Johannes (2014): Angriff der Roboter. In: Frankfurter Allgemeine Zeitung vom 01.04.2014. Vgl. http://www.faz.net/aktuell/wirtschaft/menschen-wirtschaft/arbeitswelt-der-zukunft-angriff-der-roboter-12873342.html (zuletzt abgerufen am 06.12.2016).

Petersdorff, Winand von (2014): Der Fluch der frühen Rente. In: Frankfurter Allgemeine Sonntagszeitung, Nr. 42 vom 19.10.2014, S. 20. Vgl. http://www.faz.net/aktuell/wirtschaft/vorruhestand-der-fluch-der-fruehrente-13216810.html (zuletzt abgerufen am 06.12.2016).

Pommerehne, Werner W.; Weck-Hannemann, Hannelore (1992): Steuerhinterziehung: Einige romantische, realistische und nicht zuletzt empirische Befunde. In: Zeitschrift für Wirtschafts- und Sozialwissenschaften, Jg. 112, S. 433–466.

Prognos (2016): Perspektive 2040: Fakten zur Rentendebatte. Pressegespräch am 13.06.2016. Berlin: Prognos. Vgl. http://www.gdv.de/wp-content/uploads/2016/06/PROGNOS_Rentenperspektive_2040_Kurzstudie.pdf (zuletzt abgerufen am 06.12.2016).

Projektgruppe Gemeinschaftsdiagnose (2016): Gemeinschaftsdiagnose Herbst 2016. DIW Berlin, 27.09.2016. Vgl. http://www.rwi-essen.de/media/content/pages/publikationen/gemeinschaftsdiagnose/gd_2016_2.pdf (zuletzt abgerufen am 06.12.2016).

Quaas, Friedrun (2005): Soziale Marktwirtschaft: Soziale Irenik. In: Hasse, Rolf H.; Schneider, Hermann; Weigelt, Klaus (Hrsg.):

Lexikon Soziale Marktwirtschaft. Wirtschaftspolitik von
A–Z. 2. Auflage, Paderborn: Schöningh, S. 408–411 (abrufbar
unter: http://www.kas.de/wf/de/71.10270/; zuletzt abgerufen
am 06.12.2016).

Reuter, Timo (2016): Das bedingungslose Grundeinkommen
als liberaler Entwurf – Philosophische Argumente für mehr
Gerechtigkeit. Heidelberg: Springer VS.

Rhys-Williams, Juliet (1943): Something to Look Forward
to. A Suggestion for a New Social Contract. London: Mac-
donald & Co. Wiederabgedruckt in: Cunliffe, J.: The Origins
of Universal Grants. London: Palgrave Macmillan. Vgl.
http://link.springer.com/chapter/10.1057/9780230522824_
16#page-2. (zuletzt abgerufen am 06.12.2016).

Rifkin, Jeremy (2004): Das Ende der Arbeit und ihre Zukunft:
Neue Konzepte für das 21. Jahrhundert. Frankfurt/New York:
Campus Verlag.

Sachverständigenrat zur Begutachtung der gesamtwirtschaftlichen Entwicklung (2004): Erfolge im Ausland – Herausforderungen im Inland. Jahresgutachten 2004/2005. Vgl.
http://www.sachverstaendigenrat-wirtschaft.de/fileadmin/
dateiablage/download/gutachten/04_gesa.pdf (zuletzt
abgerufen am 06.12.2016).

Sachverständigenrat zur Begutachtung der gesamtwirtschaftlichen Entwicklung (2007): Das Erreichte nicht verspielen. Jahresgutachten 2007/2008. Vgl. http://www.sachverstaendigen-
rat-wirtschaft.de/86.html (zuletzt abgerufen am 08.12.2016).

Schäfer, Matthias (2007): Das Solidarische Bürgergeld – zusam-
menfassende Bemerkungen. In: Borchard, Michael (Hrsg.):
Das Solidarische Bürgergeld – Analysen einer Reformidee.
Stuttgart: Lucius & Lucius, S. 225–286.

Schäfer, Ulrich (2016): Davos diskutiert über das Grundeinkommen. In: Süddeutsche Zeitung vom 22.01.2016. Vgl. http://
www.sueddeutsche.de/wirtschaft/verlust-von-arbeitsplaetzen-
durch-digitalisierung-ausgerechnet-davos-diskutiert-nun-

ueber-das-grundeinkommen-1.2829834 (zuletzt abgerufen am 06.12.2016).

Scherff, Dyrk (2015): Betriebsrente in Gefahr. In: Frankfurter Allgemeine Sonntagszeitung vom 29.03.2015. Vgl. http://www. faz.net/aktuell/wirtschaft/kommentar-betriebsrente-in-gefahr-13511264.html (zuletzt abgerufen am 08.12.2016).

Schipper, Lena (2014): Wir dürfen Menschen nicht nur nach Leistung beurteilen. In: Frankfurter Allgemeine Sonntagszeitung vom 28.06.2014. Vgl. http://www.faz.net/aktuell/wirtschaft/wirtschaftswissen/harvard-soziologin-michele-lamont-wir-duerfen-menschen-nicht-nur-nach-leistung-beurteilen-13016190-p2.html?printPagedArticle=true#pageIndex_2 (zuletzt abgerufen am 06.12.2016).

Schipper, Lena (2015): Eine zivilisierte Gesellschaft braucht hohe Steuern. In: Frankfurter Allgemeine Sonntagszeitung, Nr. 13 vom 29.03.2015, S. 21. Vgl. http://www.faz.net/aktuell/wirtschaft/wirtschaftspolitik/armut-und-reichtum/interview-mit-tony-atkinson-ueber-armut-ungleichheit-und-mindesterbe-13511563.html (zuletzt abgerufen am 08.12.2016).

Schmähl, Winfried (2014): 125 Jahre »Gesetzliche Rentenversicherung«: Aufstieg und Niedergang. In: Wirtschaftsdienst, Jg. 94, H. 6, S. 382–383.

Schmid, Thomas (1984): Befreiung von falscher Arbeit. Thesen zum garantierten Mindesteinkommen. Berlin: Verlag Klaus Wagenbach.

Schneider, Norbert F.; Diabaté, Sabine; Ruckdeschel, Kerstin (Hrsg.) (2015): Familienleitbilder in Deutschland: Kulturelle Vorstellungen zu Partnerschaft, Elternschaft und Familienleben. Beiträge zur Bevölkerungswissenschaft, Band 48. Opladen, Berlin, Toronto: Verlag Barbara Budrich.

Schramm, Michael (2007): Das Solidarische Bürgergeld – eine sozialethische Analyse. In: Borchard, Michael (Hrsg.): Das Solidarische Bürgergeld – Analysen einer Reformidee. Stuttgart: Lucius & Lucius, S. 189–223.

Schramm, Michael (2008): Subsidiäre Befähigungsgerechtigkeit durch das Solidarische Bürgergeld. In: Straubhaar, Thomas (Hrsg.): Bedingungsloses Grundeinkommen und Solidarisches Bürgergeld – mehr als sozialutopische Konzepte. Edition HWWI, Band 1. Hamburg: Hamburg University Press, S. 177–218.

Schubert, Klaus; Klein, Martina (2016): Generationenvertrag. In: Das Politiklexikon. 6., aktual. u. erw. Lizenzausgabe. Bonn: Bundeszentrale für politische Bildung (bpb). Vgl. http://www.bpb.de/nachschlagen/lexika/politiklexikon/17543/generationenvertrag (zuletzt abgerufen am 06.12.2016).

Schwab, Klaus (2016): Interview in: Blick vom 09.01.2016, zitiert nach: http://www.grundeinkommen.ch/klaus-schwab-fordert-ganz-neu-zu-denken-und-ein-mindesteinkommen/ (zuletzt abgerufen am 06.12.2016).

Schweizerische Eidgenossenschaft (2016a): Eidgenössische Volksinitiative »Für ein bedingungsloses Grundeinkommen«. Bern. Vgl. https://www.admin.ch/ch/d/pore/vi/vis423.html (zuletzt abgerufen am 06.12.2016).

Schweizerische Eidgenossenschaft (2016b): Volksinitiative »Für ein bedingungsloses Grundeinkommen«. Bern. Vgl. https://www.admin.ch/gov/de/start/dokumentation/abstimmungen/20160605/fur-ein-bedingungsloses-Grundeinkommen.html (zuletzt abgerufen am 06.12.2016).

Siebert, Horst (2007): Gegen ein bedingungsloses Grundeinkommen. Eine abstruse Idee mit starken Fehlanreizen. In: Frankfurter Allgemeine Zeitung vom 27.06.2007.

Siems, Dorothea (2015): Schöne neoliberale Welt. In: Die Welt vom 11.04.2015. Vgl. https://www.welt.de/print/die_welt/debatte/article139401431/Schoene-neoliberale-Welt.html (zuletzt abgerufen am 06.12.2016).

Siems, Dorothea (2016): Andrea Nahles fährt rückwärts. In: Die Welt vom 08.06.2016, S. 3. Vgl. https://www.welt.de/print/

welt_kompakt/debatte/article156046776/Nahles-faehrt-rueck-waerts.html (zuletzt abgerufen am 06.12.2016).

Sinn, Hans-Werner (1986): Risiko als Produktionsfaktor. In: Jahrbücher für Nationalökonomie und Statistik, Band 201, H. 6, S. 557–571.

Sinn, Hans-Werner (2003): Ist Deutschland noch zu retten? München: Econ Verlag.

Solow, Robert (2013): Arbeit ohne Ende. In: The European (Das Debatten-Magazin). Nr. 3/2013, S. 76–77.

Spermann, Alexander (2001): Negative Einkommensteuer, Lohn-subventionen und Langzeitarbeitslosigkeit. In: Finanzwissen-schaftliche Schriften, Bd. 104. Frankfurt: Verlag Peter Lang.

Spermann, Alexander (2007): Das Solidarische Bürgergeld – Anmerkungen zur Studie von Michael Opielka und Wolfgang Strengmann-Kuhn. In: Borchard, Michael (Hrsg.): Das Solidarische Bürgergeld – Analysen einer Reformidee. Stuttgart: Lucius & Lucius, S. 143–162.

Spiegel (2016): Die geteilte Nation (Titelblatt). Nr. 11 vom 12.03.2016. Vgl. http://www.spiegel.de/spiegel/print/index-2016-11.html (zuletzt abgerufen am 06.12.2016).

Statistisches Bundesamt (Destatis) (2015a): Bevölkerung Deutschlands bis 2060. 13. koordinierte Bevölkerungsvor-ausberechnung. Wiesbaden. Vgl. https://www.destatis.de/DE/Publikationen/Thematisch/Bevoelkerung/Vorausberechnung-Bevoelkerung/BevoelkerungDeutschland2060Presse5124204159004.pdf?__blob=publicationFile (zuletzt abgerufen am 06.12.2016).

Statistisches Bundesamt (Destatis) (2015b): Bevölkerung Deutschlands bis 2060. Ergebnisse der 13. koordinierten Bevölkerungsvorausberechnung. Wiesbaden. Vgl. https://www.destatis.de/DE/Publikationen/Thematisch/Bevoelkerung/VorausberechnungBevoelkerung/BevoelkerungDeutsch-land2060_5124202159004.pdf?__blob=publicationFile (zuletzt abgerufen am 06.12.2016).

Statistisches Bundesamt (Destatis) (2016a): Sterbetafel 2012/2014. Wiesbaden. Vgl. https://www.destatis.de/DE/Publikationen/ Thematisch/Bevoelkerung/Bevoelkerungsbewegung/ PeriodensterbetafelErlaeuterung5126203147004.pdf?__ blob=publicationFile (zuletzt abgerufen am 06.12.2016).

Statistisches Bundesamt (Destatis) (2016b): 2015: Mehr Geburten, Sterbefälle und Eheschließungen. Pressemitteilung vom 30.06.2016. Wiesbaden. Vgl. https://www.destatis.de/DE/Presse-Service/Presse/Pressemitteilungen/2016/06/PD16_225_126pdf. pdf?__blob=publicationFile (zuletzt abgerufen am 06.12.2016).

Statistisches Bundesamt (Destatis) (2016c): Statistik der Eheschließungen in Deutschland. Wiesbaden. Vgl. https://www. genesis.destatis.de/genesis/online/link/tabelleErgebnis/ 12611-0001 (zuletzt abgerufen am 06.12.2016).

Statistisches Bundesamt (Destatis) (2016d): Maßzahlen zu Ehescheidungen 2000 bis 2015. Wiesbaden. Vgl. https://www. destatis.de/DE/ZahlenFakten/GesellschaftStaat/Bevoelkerung/ Ehescheidungen/Tabellen/MasszahlenEhescheidungen.html (zuletzt abgerufen am 06.12.2016).

Statistisches Bundesamt (Destatis) (2016e): Lebensbedingungen, Armutsgefährdung. Armutsgefährdungsquote (monetäre Armut) nach Sozialleistungen in Deutschland nach dem Haushaltstyp. Wiesbaden. Vgl. https://www.destatis.de/DE/ ZahlenFakten/GesellschaftStaat/EinkommenKonsumLebens bedingungen/LebensbedingungenArmutsgefaehrdung/ Tabellen/ArmutsgefQuoteTyp_SILC.html (zuletzt abgerufen am 06.12.2016).

Statistisches Bundesamt (Destatis) (2016f): VGR der Länder – Bruttoinlandsprodukt, Bruttowertschöpfung in den Ländern. Reihe 1, Band 1 – 1991 bis 2015. Wiesbaden. Vgl. https:// www.destatis.de/DE/Publikationen/Thematisch/ VolkswirtschaftlicheGesamtrechnungen/VGRderLaender/ VGR_LaenderergebnisseBand1.html (zuletzt abgerufen am 06.12.2016).

Statistisches Bundesamt (Destatis) (2016g): Bruttowertschöpfung nach Wirtschaftsbereichen (Inlandsproduktsberechnung). Wiesbaden. Vgl. https://www.destatis.de/DE/Zahlen-Fakten/GesamtwirtschaftUmwelt/VGR/Inlandsprodukt/Tabellen/BWSBereichen.html (zuletzt abgerufen am 06.12.2016).

Statistisches Bundesamt (Destatis) (2016h): 13. koordinierte Bevölkerungsvorausberechnung für Deutschland (animierte Bevölkerungspyramide). Vgl. https://service.destatis.de/bevoelkerungspyramide/#!y=2050&v=3 (zuletzt abgerufen am 06.12.2016).

Statistisches Bundesamt (Destatis): Bundeszentrale für politische Bildung (bpb) (2004): Datenreport 2004. Bonn. Vgl. https://www.destatis.de/DE/Publikationen/Datenreport/Downloads/Datenreport2004.pdf?__blob=publicationFile (zuletzt abgerufen am 06.12.2016).

Statistisches Bundesamt (Destatis): Wissenschaftszentrum Berlin für Sozialforschung (WZB); Bundeszentrale für politische Bildung (bpb) (2016): Datenreport 2016. Bonn. Vgl. http://www.bpb.de/nachschlagen/datenreport-2016/ (zuletzt abgerufen am 06.12.2016).

Stern, Andy (2016): Raising the Floor: How a Universal Basic Income Can Renew our Economy and Rebuild the American Dream. New York: PublicAffairs.

Straubhaar, Thomas (2016): Der Untergang ist abgesagt – Wider die Mythen des demografischen Wandels. Hamburg: edition Körber-Stiftung.

Tobin, James (1966): The Case for an Income Guarantee. In: The Public Interest, No. 4, S. 31–41.

Vanderborght, Yannick; Van Parijs, Philippe (2005): Ein Grundeinkommen für alle? – Geschichte und Zukunft eines radikalen Vorschlags. Frankfurt/New York: Campus Verlag.

Verhandlungen des Deutschen Reichstags: Reichstagsprotokolle, 76. Sitzung vom 24.05.1889. 1888/89, 3. Vgl. http://www.

reichstagsprotokolle.de/Blatt3_k7_bsb00018655_00645.html
(zuletzt abgerufen am 07.12.2016).

Wasem, Jürgen (2016): zitiert nach welt.de: Experte erwartet
Verdoppelung der Kassen-Zusatzbeiträge (15.08.2016). Vgl.
http://www.welt.de/finanzen/article157689052/Experte-
erwartet-Verdoppelung-der-Kassen-Zusatzbeitraege.html
(zuletzt abgerufen am 06.12.2016).

Wasem, Jürgen; Jahn, Rebecca; Staudt, Susanne (2014): Der
Gesundheitsfonds – ein Beitrag zu Gerechtigkeit, Zukunfts-
sicherung und funktionierendem Wettbewerb im GKV-
System? In: Wirtschaftsdienst, Jg. 94, H. 8, S. 539–541.

Weck-Hannemann, Hannelore; Pommerehne, Werner W.
(1989): Einkommensteuerhinterziehung in der Schweiz: Eine
empirische Analyse. In: Schweizerische Zeitschrift für Volkswirtschaft und Statistik, Jg. 125, S. 515–556.

Werding, Martin (2016): Altersarmut ab 2030: Womit wir
rechnen müssen und womit nicht. In: ifo Schnelldienst,
Jg. 69, H. 12, S. 16–20.

Werner, Götz W. (2007): Einkommen für alle. Köln: Verlag
Kiepenheuer & Witsch.

Werner, Götz W.; Goehler, Adrienne (2010): 1000 Euro für
jeden: Freiheit. Gleichheit. Grundeinkommen. Berlin:
Ullstein/Econ.

Westdeutscher Rundfunk (WDR) (2016): Altersarmut: Fast jeder
zweite Rentner betroffen. Köln (12.04.2016). Vgl. http://www1.
wdr.de/nachrichten/landespolitik/altersarmut-100.html (zuletzt abgerufen am 06.12.2016).

Wirtschaftsdienst (2014): Gesundheitsfonds – effizientere
Steuerung des Gesundheitssystems? Zeitgespräch. In: Wirtschaftsdienst, Jg. 94, H. 8, S. 535–552.

Wirtschaftsdienst (2015): Das Mindestlohngesetz – Hoffnungen
und Befürchtungen. Zeitgespräch. In: Wirtschaftsdienst,
Jg. 95, H. 6, S. 387–406.

Wolf, Stephan; Goldschmidt, Nils; Petersen, Thomas (2015):

Votes on behalf of children: a legitimate way of giving them a voice in politics? In: Constitutional Political Economy, Jg. 26, Nr. 3, S. 356–374. Vgl. http://hdl.handle.net/10.1007/s10602-015-9190-6 (zuletzt abgerufen am 06.12.2016).

www.archiv-grundeinkommen.de (2016): Internetseite unter http://www.archiv-grundeinkommen.de/ (zuletzt abgerufen am 06.12.2016).

Zillien, Nicole; Haufs-Brusberg, Maren (2014): Wissenskluft und Digital Divide. Baden-Baden: Nomos.

Zingales, Luigi (2012): A Capitalism for the People: Recapturing the lost genius of American prosperity. New York: Basic Books.

Thomas Straubhaar
Volkswirt

THOMAS STRAUBHAAR

DER UNTERGANG

IST

ABGESAGT

Wider die Mythen
des demografischen
Wandels

Foto: Körber-Stiftung / Claudia Höhne

Thomas Straubhaar
Der Untergang ist abgesagt
Wider die Mythen des
demografischen Wandels

206 Seiten
Gebunden mit Schutzumschlag
Euro 18,– (D)
ISBN 978-3-89684-174-2
Auch als E-Book erhältlich

Alte Mythen über Bord werfen

Irgendwann wird Deutschland entvölkert sein. Nur in den Groß-
städten werden noch junge Menschen leben, Greise irren durch
verwaiste Dörfer. Das ist – überspitzt – das Untergangsszenario,
das Medien gern propagieren – und das der Volkswirt Thomas
Straubhaar für unhaltbar hält.

Mit Leidenschaft und Fachkenntnis entlarvt er gängige Pro-
gnosen als Mythen und setzt auf Vernunft und Selbstvertrauen:
Als stabile Demokratie und gesunde Volkswirtschaft kann
Deutschland den demografischen Wandel gestalten.

www.edition-koerber-stiftung.de